Mastering the Supply Chain
Principles, Practice and Real-Life Applications

ビジネスゲームで学ぶ
サプライチェーン
マネジメント

－原理原則と演習、そして実業務への応用－

原著 **ED WEENK**

翻訳 細田 高道
河合 亜矢子
中塚 昭宏
小林 知行
山本 圭一
隈田 樹一郎
丹治 秀明
尹 蘭

同友館

訳者まえがき

　本書では、サプライチェーンマネジメントの観点で、俯瞰的な考え方、企業経営の文脈において考慮すべき事柄、少し踏み込んだテクニカル面の知識、そしてリーダーとしてチームを率いる場面で心に留めておくべき重要なポイントを学びます。そして、同時に相互依存しながら変化する状況のコントロールを習得する本です。サプライチェーンマネジメントを初めて学ぶ大学生や、学び直しの実務家を主な読者として想定しています。サプライチェーンマネジメントという概念は1980年代に誕生し、1990年代にアメリカで発展を遂げ、2000年代初頭に日本でも広がりました。この考え方が広く認知されるようになるまでは、各企業における自社あるいは部門に閉じた視野での部分最適なオペレーションが当たり前でした。しかし、原材料の調達から製品の生産、販売に至るまでの一連の過程（サプライチェーン）全体を最適化するというサプライチェーンマネジメントの概念が広まると、部門単位ではなく少なくとも自社全体、より進んだ取り組みでは、自社の調達先、顧客など取引先まで含む全体で情報と物の流れを統合し、全体最適を目指すという考え方が市民権を得るようになっていきました。

　このサプライチェーンマネジメントについて、日本の大学・大学院で経営や商学、あるいは流通、経営工学といった学問分野を専攻する多くの学生は、理論や事例を中心に学びます。たしかに需要予測や在庫管理といった基礎知識は不可欠です。しかし、理論や事例を学ぶだけでサプライチェーンマネジメントを理解することは容易ではありません。テキストベースの基礎知識は静的なものですが、サプライチェーンマネジメントの実務では時間的な状態変化をコントロールする動的な視野を求められることになるからです。また、日本の企業の実務家は、On the Job Training（OJT）を通じ実践的な業務・管理を学ぶ傾向があります。たしかに既存業務を漏れなく、滞りなく実行していく上でOJTは重要な役割を果たします。しかし、OJTだけでサプライチェーンマネジメントを理解することもまた難しいでしょう。絶え間なく変化する事業環境の下、改善・改革を進めていくためには、所属部門以外の業務やベストプラクティスを理解し、複数部門と全体最適を意識した合意形成が求められることになるからです。

　こうした現状に対する学びを促進するための教育ツールとして、ゲーミング・シミュレーションがあります。マサチューセッツ工科大学（MIT）スローン経営大学院のプラサド・リガード氏らが1960年代に考案したビールゲームはその代表的なものです。ビールゲームでは、組織間で情報が遮断された状況で、市場需要の変化が遅れと増幅を伴ってサプライチェーン全体に波及する影響を如実に体感できます。不確定要素が市場需要のみであり、かつプレイヤーが操作可能な変数は自身の各期の発注量のみという非常に単純なゲームでも、ゲームに参加する学習者は、サプライチェーンの複雑性を実体験し、学習者自身の気づきを通じて多くの深い学びを得ることができます。

　しかし、サプライチェーンの実務では、考慮すべき項目が非常に多岐に渡ります。そして何より、サプライチェーンマネジメントは物流や調達、生産といった現場のプロセスを円滑にこなす、あるいは改善するための単純な手法ではなく、企業の経営戦略であるという認識を持つことが求められます。その意味で、ビールゲームはオペレーションを体験する素材としては魅力的ですが、経営戦略を学ぶ素材としては物足りません。

　経営戦略としてのサプライチェーンマネジメントを学ぶツールとしてオランダのインチェインジ社が開発した The Fresh Connection（以下、フレッシュコネクション、TFC）があります。TFC は学習者の経営体験を通して、サプライチェーンマネジメントや経営の課題、価値への気づきを促すとともに、戦略性、全体最適指向、合意形成能力などを養うビジネスゲームです。ビールゲームが考案された MIT でサプライチェーンマネジメント教育を担う Center for Transportation and Logistics（CTL）が2012年に採用し継続活用するほか、世界中のビジネススクールなどの学術機関や企業研修の場で用いられています。

　本書では第１部でサプライチェーンマネジメントの基本的な考え方、基礎的な理論を学んだ後、第２部では TFC の実画面スナップショットを用いてより実践的に学びます。本書が提供する TFC のスナップショットでも需要と供給に関わる様々な意思決定が企業経営、企業財務に与えるイメージをつかむことができますが、実際に TFC に参加することで、必要な知識と、組織横断的な取り組み、トレードオフが存在する場合の考え方などを実体験として習得することが期待できます。そして本書はサプライチェーンマネジメントの入門書としてももちろん十分な知識を提

供しますが、TFC に参加する際の学習サイクルの第 1 歩目として用いると、より効果的に機能するでしょう。なお、株式会社 NX 総合研究所、株式会社日立アカデミー、そして株式会社日立ソリューションズ東日本などが日本国内で TFC を通じた教育プログラムを提供しています。

　今日、世界では企業間連携や標準化をベースとしたサプライチェーンの高度化が進む中にあって、日本ではこの30年あまり、関連分野のオペレーションがほとんど進化していないとも言われています。一方、幸いなことに人工知能、センシング技術、クラウドコンピューティングといった様々な要素技術が出揃い、サプライチェーンの最適化は技術的にはさほど困難なことではなくなってきています。本書が日本のサプライチェーンマネジメントの歩みを進める一助になればと願ってやみません。

訳者一同

推 薦

　本書は、極端な単純化に陥ることなく、ビジネスの世界で発生するサプライチェーンにおける複雑な関係を的確に捉えています。
メキシコ・モンテレイ工科大学産業システム工学部　ルイス・E・エレーラ 准教授

　構造化され分かりやすい本書の構成によって学習者は、ビジネス、テクニカル、リーダーシップの各側面から、サプライチェーンマネジメントの習得に取り組むことができます。全編に渡り、重要なサプライチェーンマネジメントの概念やシナリオの調査、分析、そして想像力が求められる演習が豊富に配され、包括的な理解を確実なものとします。読者が将来のサプライチェーンの課題を乗り越えるための備えを示したサプライチェーンマネジメントの良書です。
ドイツ・ヤーコプス大学ブレーメン校 数学・ロジスティクス学部
スタニスラフ・チャンコフ サプライチェーンマネジメント講師

　サプライチェーンの学習者が、安心できる実験環境と様々な動的ビジネスシナリオの下、理論や概念を試し、当てはめ、検証し、それによって将来管理することになる、サプライチェーンの複雑さの全体像を解き明かせるような、適切な教材と仕組みが伴った経験学習が組み合わせられた学習は、高い効果が期待されるアプローチです。しかし、残念なことに、そのようなアプローチが採用されることは、あまりありません。これに対し本書は、インストラクターと学習者が、共に適切な入門的知識とスキルを身につけ、実行可能なサプライチェーン計画の下、多面的な事業戦略を達成できるよう支援するという、産業界で求められている今日のニーズに対応しています。
南アフリカ・ステレンボッシュ大学
ヨハン・ロー ロジスティクス＆サプライチェーンマネジメント准教授

　本書は、サプライチェーンマネジメントの速習ガイドとなるでしょう。学生と実務者双方の教科書として推奨します。

中国・清華大学 産業工学部　王暁芳 研究室長

　図表が描写的で分かり易く、理論と経験学習が組み合わせられた本書は、学生と実務家に、絶えず変化する世界でサプライチェーンをどう管理するか、その教育を模索する上で画期的といえるでしょう。

米国・テキサスクリスチャン大学 ニーリービジネススクール、サプライチェーンプラクティス

ローラ・M・ミード 教授・国際プログラムディレクター

　本書は、概念的なサプライチェーンマネジメントにおける検討事項とビジネスシミュレーションを通じた実践的演習を上手く結び付けています。

ロシア・ピーター・ザ・グレート・サンクトペテルブルク工科大学

ドミトリー・ガヴリーロフ 教授、CPIM CSCP CLTD SCOR-P APICS マスターCPIM インストラクター、APICS リード CSCP インストラクター、APICS アソシエイト CLTD インストラクター

　本書は、サプライチェーンマネジメントの学習と教育の真のブレークスルーです。

フランス・HEC

クリスチャン・ヴァン・デルフト 情報システムおよび運用管理准教授、ロジスティクスおよび運用管理学科学科長、CNRS-GREGHEC 研究グループメンバー

　著者の取り組みは、サプライチェーンの原理原則を身につけ、ビジネスの成長を阻害する潜在的リスクへの理解を促進するための大きな一歩です。

ペルー・パシフィコ大学 工学部

マリオ・チョン ビジネスエンジニアリング担当副学部長

　経験を伴わない学びは、実際に応用されるまでは抽象的なままです。本書は、確固たる理論的基盤と共に、ビジネスシミュレーションを通じて非常に実験的で遊び心のあるやり方で、学習者に実践的な応用機会を届けることで、理論と実践の間のギャップを埋めていきます。

カナダ・マギル大学 生涯学習スクール　ニコライ・ラッソロフ 講師

　本書の重点は実践的な学習にあり、サプライチェーンマネジメントに焦点を当てた学部、大学院、MBA の各コースに価値をもたらすことになるでしょう。

英国・ハダーズフィールド大学

サミル・ダニ ロジスティクス・マーケティング・ホスピタリティ・アナリティクス教務責任者 ロジスティクスおよびサプライチェーンマネジメント 教授

　サプライチェーンマネジメントの一般的な概念と、この優れた経験学習を支え、育てることを論じた本書のような教科書は、これまで存在していませんでした。

スイス・ZHAW 経営法学スクール 戦略・オペレーションセンター

マイケル・ルステンベルガー リサーチアソシエイト

　本書は、サプライチェーンに関わるキャリアを前進させたい人々にとって必読の書です。

スペイン・EADA ビジネススクール マーケティング・オペレーション＆サプライアカデミック学科

デシリー・クノッペン 学科長 准教授

著者について

　著者であるエド・ウィーンクは2004年、当時自身が在住していたバルセロナにて QuSL 社を設立しました。著者は1990年代半ばより戦略的および実行レベルで国際的なロジスティクスプロジェクト管理にて広範囲な経験を積み、現在はオランダ、マーストリヒトを拠点に活動しています。

　エラスムス大学ロッテルダム経営大学院にて経営学修士、アイントホーフェン工科大学にてサプライチェーンマネジメント研究における PDEng（工学博士号相当学位、訳者補足）を取得しました。現在は以下のビジネススクールでオペレーション、サプライチェーン、プロジェクトマネジメント、組織内アントレプレナーシップの分野において上級准教授として教鞭をとっています。

● EADA バルセロナ（スペイン）
● マーストリヒトスクールオブマネジメント（オランダ）
● アントワープマネジメントスクール（ベルギー）
● セントラム経営大学院（ペルー）

　著者はクラス内ワークショップ、ゲームの活用、ハーバードビジネススクールが掲げるケースメソッドといった経験学習の有用性を高く評価しています。また、2022年現在はオランダのインチェインジ社および米国ニューヨークのパラティングループのビジネスシミュレーションゲームの認証トレーナーおよび実行パートナーとして活動しています。

　前著には "**The Perfect Path：What the manager can learn from the football trainer**" があり、英語、スペイン語、オランダ語で出版されています。同著では、関係者全員が**全体像**を共有し、組織内外の連携を深め、一貫性を担保することの重要性を詳細に語っています。

本書刊行にあたっての協力者について

チャック・ニマー CPIM CLTD MA（リーダーシップ）

　チャック・ニマーはサプライチェーンマネジメント、リーンマネジメント、リーダーシップおよびAPICSの領域で40年間、トレーナー、コンサルタントとして活動し、米国ミネソタ州セントポールの大学にてオペレーションズマネジメントを教えています。米国内のAPICSコミュニティで講師教育およびカリキュラム開発の領域でも活動しており、フレッシュコネクション（TFC）などビジネスシミュレーションゲームを数多くの学校に提供しています。ミネソタ大学にて会計学の学士号を取得後、ミネソタ州ミネアポリスのアウグスブルグカレッジでリーダーシップの修士号を取得しました。また、APICSからはCPIM、CLTDの認証を取得しており、ウィスコンシンテクニカルカレッジシステムのオンラインカリキュラム開発の認証も取得しています。

コリーン・ファン・デル・スロート CPIM

　コリーン・ファン・デル・スロートはフレッシュコネクションの認定講師であり、フレッシュコネクションの優れたサプライチェーンマネジメントシミュレーションをDACH地域（ドイツ、オーストリア、スイス）、スカンジナビア地域、イタリア、東南アジア、東欧地域へ普及させる国際セールスディレクターとして働いています。教員や専門家らに自らの知識経験を共有するだけでなく、サプライチェーンマネジメントを学ぶ学生に究極の学習体験をもたらすことに熱意をもって取り組んでいます。コリーンは物流、製造、プロダクトマネジメント、セールスなどのサプライチェーンにかかわる幅広い領域において、フィリップス社、オランダテレコム社といった大企業のみならず独立系ベンチャー企業においても経験を積み、そのキャリアを築いています。幅広い人脈を活用して、現在はオランダ物流業連合の代表の立場を担っています。

序 文

エッフ・ハーク―インチェインジ社のパートナー職

　インチェインジ（Inchainge）社はビジネスシミュレーションに基づいたサプライチェーンマネジメントの経験学習機会の提供に特化したオランダの企業です。私たちは様々な業種、様々な国々の利用者が快適に学習し続けることができるように、既存のシミュレーションプラグラムの改良、新しいシミュレーションとトレーニングプログラムの開発を絶え間なく続けています。企業組織としての規模は小さく、人数も限られているため、世界中のプロフェッショナルトレーナーおよび教育機関の講師・教員の力を措りてネットワークを拡大、維持していくよう努めています。

　変化が激しく見通しの立てづらい現代社会では、企業およびそのサプライチェーンは大きな試練に直面しています。ビジネスの世界では「変化している」という事実のみが普遍的なこととも言えます。そのような環境にサプライチェーンを上手く対応させるためには、サプライチェーンの力学と各要素の依存関係とを完全に理解する必要があります。しかしながら、ただ仕組みを理解するだけでは不十分で、絶えず組織を適応させていく必要があり、そのためには協働やチームワークにおいてリーダーシップを発揮する能力が求められます。

　私たちは、こうした組織に関する理解や、それに対応する能力は実際の体験でのみ獲得できると考えています。つまり、チームでサプライチェーンを管理する、すべての側面を一元的に統率する、全体がどのように連動しているのかを探求する、チームとして効率的に共同で作業をする、などの全体的なプロセスを体験する必要があると考えているのです。それに加えて、私たちは学生や企業が、戦略と実行、企業内の各部署、バリューチェーン内のビジネスパートナーといった複数の独立した要素間の整合性を図ることを支援するという使命を掲げています。

　2008年のフレッシュコネクション開始当初から、私たちの提供するすべてのビジネスシミュレーションはこれらの目的を達成することに念頭を置いて設計、開発されています。フレッシュコネクションはゲームを通じて学習者同士が競争し合いながら、関連する概念を楽しく学ぶ手助けをします。架空の企業経営という設定で

それらの概念を体験できるプラットフォームを提供することで、複雑な事象に整合性をとりながら適切に対処していく能力を習得していきます。それだけではありません。私たちは講師やトレーナー、学習者がシミュレーションを使用する際の支援、有意義なコンテンツを通して学習体験をより豊かにするための多種多様な教材を用意しています。

私たちは既存のシミュレーションや補助教材とは別に、理論的なサプライチェーンの考え方とその直接的な応用を橋渡しする方法を探し求めていました。本書はまさにその方法を示してくれています。本書はサプライチェーンを理解する上で不可欠な多くの概念の概説から始まり、ゲームを通じて学習できるツールであるフレッシュコネクションを活用した実践的な応用方法へと読者を導きます。私は本書がビジネスにおいても教育においても、学習者および指導者双方にとって非常に有用と考えます。

本書がサプライチェーンマネジメント教育の新たな形を切り拓き、フレッシュコネクションの完成された体験をより高次の水準へと導いてくれるものと確信します。

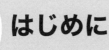

はじめに

シンプルだけど簡単じゃない（1）

　多くの学生は、抽象的概念を勉強するときだけでなく、積極的に何か行動しているときに最も多くのことを学習していく。つまり、好奇心が掻き立てられ、質問をし、新たな概念に出会い、これらの知識領域に対する興奮を感ずるときに学ぶのである。

ケン・ロビンソン＆ルー・アロニカ（2015）

　実のところ、サプライチェーンマネジメントに関する本はすでに多数出版されており、とても優れたものも数多く存在します。しかしながら、我々の本書における目的はそれらの優れた既刊本のリストに、さらにもう一冊の教則本を加えることではありません。そうではなく、学習者がここで学んだことを現実社会で応用できることに強く主眼を置いたテキストを作り上げたいと考えていました。かのアルバート・アインシュタインは理論や概念を説明し教える代わりに、生徒が自ら実践し、学ぶ場の提供に重点を置いたことを好んだとされています。この先例に従い、本書ではサプライチェーンを習得するための学習および実践のための強固な土台を学習者に提供することを目指しています。**本書『ビジネスゲームで学ぶサプライチェーンマネジメント』**（原題 Mastering the Supply Chain）はサプライチェーンマネジメントを学習する人々に向けて書かれています。そのため、サプライチェーンやロジスティクスに特化した学習プログラムでの使用はもちろんのこと、学士課程および（エグゼクティブ MBA を含む）MBA や社内研修といったより一般的なビジネス、経営に関する学習プログラムと合わせて活用することもできます。

　実践的な応用を重視する本書において取り扱うトピックの背景には、3つの主な意図が存在しています。

1　クリティカルシンキング、複雑な問題解決、他者との協調という**21世紀型の**

スキルをサプライチェーンマネジメントの実践的な文脈に落とし込むことに対して、世の中で高まりつつある要求に応えるという意図。

2　繰り返し出される「シンプルだけど簡単じゃない」テーマに対し積極的に取り組むという意図。つまり、多くの場合シンプルに語られる概念やフレームワークを実際のサプライチェーンマネジメントに応用することの複雑さを学習者に直に感じてもらうということ。

3　**サプライチェーンマネジメントに関する複数の側面**を、各トピックにおいて1つの全体整合的で首尾一貫した視点で結びつけるという意図。特にビジネス、テクニカル、リーダーシップという各側面の相互作用に焦点を当てるということ。

シンプルだけど簡単じゃない

「シンプルだけど簡単じゃない」というフレーズは本書全体を横断する中心的なテーマの1つとなっています。これは、サプライチェーンマネジメントの基本的な概念、フレームワークは比較的明快であるがゆえに「シンプル」に理解できますが、実際には応用が「簡単じゃない」多くの理由が存在することを意味しています。

まず初めに、サプライチェーンの領域では、それぞれのトピックにおいて、変化する様々な要素を説明する多くの概念が存在しています。例えば、外部委託について議論する場合、企業がある活動を外部委託すべきか否かという意思決定をする際に、考慮すべき項目を明らかにするフレームワークがあります。こういったフレームワークを適用することは、外部委託に対して賛成するか、反対するかという一連の論点を生み出すことになり、これらの論点のうち、一部は定量的な、また一部は現実的には定性的な要素を含む論点であったりすることがあります。これらの定量的、定性的な論点の組み合わせは、（ときに主観的な）判断を要する場面を生み出します。言い換えると、フレームワーク内の各要素はシンプルに理解できますが、提供したフレームワークを基に具体的な意思決定を行うことは常に簡単とは言えないということです。

次に、個々の概念はシンプルに理解できるものであっても、各要素が変化を続けながら、同時発生的に無数の相互依存を続ける状態であるため、特にグローバルかつ俯瞰的な視点に立つと、管理するのが非常に困難になります。例えば、在庫に関

する主な検討事項や、倉庫の物理的な観点、あるいは輸配送の展開について言及する場合、概念レベルではすべて比較的単純明快です。しかし、ひとたびある企業の統合物流ネットワークソリューションを考えることとなると、すべての個々の要素を1つの方程式に入れ込む必要があるため、突如として複雑性が増し、難解なパズルを解いていくような状態になってしまいます。

それに加えて現実社会では、不完全な情報、推測、不確実性、時間的制約、異なる意見、常に変化し続ける世界情勢など様々な要因を考慮する必要があり、パズルは複雑化していきます。

だからこそ、本書では「シンプルだけど簡単じゃない」が繰り返し登場するテーマとなっています。本書では多くのサプライチェーンマネジメントに関する概念が取り上げられていますが、すべてグローバルかつ俯瞰的視野を持って、具体的で明確な意思決定にたどり着くという目的を持って語られています。現実として、サプライチェーンマネジメントを習得するということは複雑な取り組みです。しかしながら、私個人としては、複雑であるからこそ、仕事や学習対象として魅力的な領域であると考えています。

加速する時代、21世紀型スキル、経験学習

フリードマンは、「私たちは加速する時代に身を置いている。世界は加速度的に変化を続けており、これまでに必要とされていたスキルとは異なるスキルが求められている。」（Friedman, 2016）と述べています。このような時代、様々な人々によって21世紀型スキルの必要性に関わる多くの議論がなされています（世界経済フォーラム, 2016；Robinson and Aronica, 2015）。

経験学習はこのようなスキルを体得するのに適した方法と考えられています。ここではこの領域において基礎的な図書となっている"Experiential Learning"の著者であるデイヴィッド・コルブによる概念を用いて説明します。個別学習法など多くの学術的功績に加え、コルブは学習サイクルという概念（図0.1）でその名が広く知られています。

学習サイクルの基本的な考え方としてコルブは以下のように語っています。

「知識は、具体的に経験することと、その経験を変換することとの組み合わせに

図0.1　学習サイクル

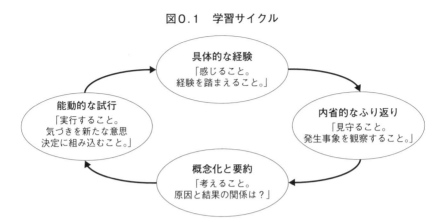

出典：コルブ（2015）の知見に基づいたマクラウドによる提唱（McLeod, 2017）

よって得られる。具体的に経験することは情報を入手するプロセスを指し、経験を変換することは、個々人がその情報を解釈し、それに基づいて行動することを指している。このプロセスは理想化された学習のサイクルまたはスパイラルとして描写することができ、学習者は“すべての基本プロセスを経て学ぶ”こととなる。」(Kolb, 2015)。

　経験学習では、直接的に経験することに焦点を当てます。学習者は経験を通じて、何が起きたか、なぜ起きたかを内省的にふり返り、発生した状況に対する抽象的観点を導き出し、可能であれば既存の理論やフレームワークでそれを補強していきます。このふり返りと抽象化の組み合わせを行うことで、状況に対する改善の視点を導き出す基礎ができ、異なる学習機会や実社会で遭遇する次なる経験に適用することができるようになるとされています。本書ではビジネスシミュレーションゲームであるフレッシュコネクションを魅力的な経験学習のツールとして活用していきます。

サプライチェーンマネジメントの複数の側面

　サプライチェーンマネジメントには多くの側面があり、扱う仕事の範囲の広さに応じて、幅広くかつ多くの活動を取り扱うこととなりますが、それぞれの側面の性

質は本質的に異なります。

　第一に、サプライチェーンマネジメントは戦略的または**ビジネス的**な側面を持っています。サプライチェーンは企業活動において欠かせない部分であり、最終的には他部門や他領域とともに全体的なビジネスの成功に貢献することとなります。つまり、サプライチェーンにおける意思決定は企業が将来的な成功のために定めた全体的な方針と一致していなければなりません。本書では、サプライチェーンと企業戦略および競争的ポジショニングとの不可欠かつ直接的な繋がりについて述べます。また、例えば市場セグメンテーションや提供価値がサプライチェーン戦略に与える影響、さらに ROI（**投資利益率**）などの企業財務指標とサプライチェーンとの関係性についても言及していきます。

　第二に、サプライチェーンは**テクニカル**な側面を持っています。例えば、製造、輸配送インフラ、技術、予測計画モデル、およびそれらを補佐する情報システムについての側面です。これらは、サプライチェーンにおけるより技術的な部分と言えます。

　第三に、サプライチェーンは**リーダーシップ**および人的側面も持っています。サプライチェーンには機能横断的な性質があるが故に、その範囲は購買から販売、アフターセールスまで拡がっており、企業内の多くの部門や機能領域と相互に関係性を有しています。実務においては、多くの部門や機能領域はそれぞれ異なる目的を持っており、潜在的に衝突を生む構造になっているため、あらゆる方法で各部門間を調整し、管理していく必要があります。この領域では、意思決定プロセス、KPI（重要業績評価指標）、チームの力学、ステークホルダー管理といったトピックについて述べていきます。

　サプライチェーンのビジネス、テクニカル、リーダーシップの側面は非常に重要でそれぞれが異なる性質のものであるため、本書ではこれらを明示的に、そして個別に扱っていきます。実際に、これら3つの側面は本書の構成の軸ともなっています（図0.2）。

図0.2　本書の核となるサプライチェーンの３つの側面

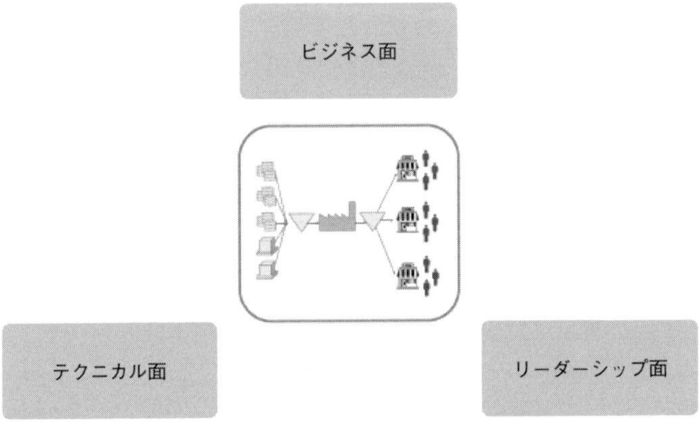

ビジネス面

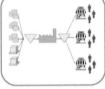

テクニカル面

リーダーシップ面

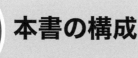

本書の構成

　「はじめに」で述べたような意図に従い、本書では、学習者が「**すべての基本プロセスを経て**」、経験学習の原則に従い、21世紀型スキルを鍛え、その一方で「**シンプルだけど簡単じゃない**」サプライチェーンを直に経験しながら、各トピックの個別の側面に取り組むことを目的としています。

　第2部では、実際にサプライチェーンに関わる重要な概念がどのような役割を果たしているかを紹介します。本書の読者はサプライチェーンシミュレーションゲームの入門レベルへの無料アクセス権が与えられます。こちらは **xxii** ページに詳細が記載されています。後続のステップでは、ビジネスシミュレーションゲームが具体的な経験を提供するのと同時にその経験を知識に変換するためのツールとなります。概念的なフレームワークによる補足を加えつつ、ビジネスシミュレーションゲームを数ラウンドプレイすることで、積極的な内省的学習を学習者に促し、その後さらに新たなラウンドに入っていきます[(1)]。直接的な経験を経ることで急速な学習曲線を描いていくことができます。さらに、学習者の視点を拡げるために、シミュレーションツールの枠を超えた現場での応用についても触れていきます。

　サプライチェーンというトピックの複雑性を管理しやすいレベルに分解するため、本書は2部に分けて構成しています。各部で、前述した3つのサプライチェーンの側面から次の異なる方法で扱っていきます。

　第1部：基本編では原理原則を探索することに主眼を置き、サプライチェーンに関する多くの書籍で取り扱われる**主要な原理原則**、すなわち理論／フレームワーク／概念といった基本的な部分を俯瞰していきます。これらは挙げるだけでも膨大なものとなってしまうため、本書内での説明はできる限りシンプルなものに留めます。詳細な説明の代わりに、簡潔かつ要所をおさえた説明ができるように心がけて

---

(1) ただし、本書で提供されるアクセス権では、ゲーム画面のスナップショットは参照可能ですが、実際にゲームをプレイすることはできません。

います。サプライチェーン領域はもちろん、関連性の高い部分については、戦略・マーケティング領域といったサプライチェーンと切り離せない領域についても、教科書となるような重要書籍の出典をすべて記載していきます。本書に掲載されたすべてのトピックについて、学習者が精通することができるよう、入門的な演習問題を用意していますので、読者は手を動かしながら各トピックの学習を進めることができます。このように第1部は、第2部で扱う原理原則の**実践と実務への応用**へ向けた準備の場を読者に提供します。

　第2部：応用編では第1部で紹介したような基本概念を実社会で応用していき、**原理原則**を習得することに主眼を置いています。ここでは、個々の概念を応用することができるように、ビジネスシミュレーションゲームであるフレッシュコネクションが主要な学習ツールとして登場します。この第2部で使用するビジネスシミュレーションでは比較的安定的な経営環境が設定されています。これによってサプライチェーンが円滑に運営され、企業が利益を出せるようになるための、基本的な意思決定を幅広く経験することができます。このようにして、学習者は企業の各部門からの**実データを分析**し**正しい意思決定を行う**行為を直接的に経験することができます。上記のように、このセクションでの内省的学習や演習問題は分析と意思決定という2つのステップで構成されています。シミュレーションを回していくことで、原因（意思決定）と結果の繋がりが目に見える形で明らかになっていきます。

　サプライチェーンの3つの側面（ビジネス、テクニカル、リーダーシップ）が本書の基本的な構成となっており、第1部と第2部それぞれで展開されています（図0.3）。さらに、ビジネスシミュレーションであるフレッシュコネクションに関する詳細情報、有用なテンプレート、ビデオコンテンツなど、本書の内容を補足するウェブコンテンツがたくさんあります。

図0.3　本書の全体構成

はじめに：シンプルだけど簡単じゃない（1）	
第1部：基本編	第2部：応用編
1　概要	6　実践の知識
2　ビジネス面 ・競争戦略 ・顧客と提供価値 ・競争優位性 ・サプライチェーンと企業財務 ・ビジネスモデルとサプライチェーン ・外部環境 ・リスク管理・レジリエンス	7　ビジネス面 ・競争戦略 ・顧客と提供価値 ・サプライチェーンと企業財務
3　テクニカル面 ・サプライチェーン戦略 ・物理的インフラ： 　・製品とプッシュ／プル 　・設備と輸配送 　・外部委託と協働 　・ネットワーク設計 ・計画と管理 　・不確実性、予測、能力 　・計画とスケジューリング 　・製造と品質 　・在庫 　・支払条件とインコタームズ® ・情報とシステム ・組織	8　テクニカル面 ・サプライチェーン戦略 ・物理的インフラ： 　・製品とプッシュ／プル（既与） 　・設備と輸配送 　・外部委託と協働 　・ネットワーク設計 ・計画と管理 　・不確実性、予測、能力 　・計画とスケジューリング 　・製造と品質 　・在庫 　・支払条件とインコタームズ® ・情報とシステム ・組織
4　リーダーシップ面 ・パフォーマンスの評価と目標設定 ・ステークホルダー管理 ・チームの役割とチームの力学 ・信頼と協調	9　リーダーシップ面 ・パフォーマンスの評価と目標設定 ・ステークホルダー管理 ・チームの役割とチームの力学 ・信頼と協調：外部協働
5　シンプルだけど簡単じゃない（2） ・トレードオフと S&OP	10　シンプルだけど簡単じゃない（3） ・トレードオフと S&OP

各章の構成ガイド、ウェブ上の情報リソース、ビジネスシミュレーションゲーム

各章の構成ガイド

　効率的な学習を促すため、本書では各章の内容に加えて、すべての章を以下のよ

うに構成しています

●各章冒頭にイントロダクションと箇条書きによるトピックの概要説明
●講義や個別学習に活用できる合計80以上の様々な種類の演習問題：
　・第1部内の章（「**探求課題**」）：インターネット上の情報リソース検索
　・第2部内の章（「**分析**」と「**決定**」）：双方向学習教材のビジネスシミュレー
　　ションゲームであるフレッシュコネクションを活用し、シミュレーション内の
　　詳細データを分析し、ゲームを進めながら原因と結果の関係性を確認
●次章への橋渡しとして、各章末に内容のまとめ

学習のためのウェブ上の情報リソース

　本書（原題 "Mastering the Supply Chain"）では学習者および教える立場にあ
る講義者のために手引きとなるウェブ上のリソースを用意しています。読者は
my.inchainge.com にアクセスし、"Code entry" 欄に "MSC_FreeJ" のコース
コードを入力することで、補足的な情報を入手することができます。

●講義者向けウェブリソース例
　・講義アウトラインと講義計画のサンプル
　・講義を補足する PowerPoint スライド
　・講義を補足する動画
　・本書の演習問題を補足するテンプレート集
●学習者向けウェブリソース例
　・参考書籍リスト
　・学習を補足する動画
　・関連する産業団体、商業団体の概要

フレッシュコネクション（TFC）ビジネスシミュレーションゲームへのアクセス

　TFCにアクセスし、本書の双方向学習部分を体験するにはゲームポータル（https://id.inchainge.com）にアクセスし、ユーザー登録を行う必要があります。リンクにアクセス後、"No account yet? Register as a new user"を選択し、表示される登録ステップおよびEメールで受信する手順に従って登録することができます（なお、パスワードにはアルファベットの大文字、小文字、数字、記号をそれぞれ少なくとも1文字ずつ含む必要があります）。ユーザー登録プロセスが完了すると、ゲームポータルにログインできるようになります。ポータルにアクセスすると、"Code entry"という入力エリアが見つかります。

　TFCを研修や講義で受講する場合、ほとんどの場合、講師からこのコースコードを配布されます。個人で学習する読者の場合、学習の目的と予算に合わせて入門レベルからプロフェッショナルレベルまで、様々なオプションを選択することができます。この本の読者は"Code entry"欄に"MSC_FreeJ"のコースコードを入力して無料の入門レベル（閲覧のみ）にアクセスできます。このコードを活用すると、TFCのすべての画面を閲覧でき、またゲーム内のInformation、InfoCenter、レポート、クエリーにアクセスできるため、本書内のすべての演習問題に取り組むことが可能になります。

　その他の日本におけるTFCの価格情報や、ユーザー登録、シミュレーションへのログイン方法などは次のリンクからお問い合わせください。

https://www.hitachi-solutions-east.co.jp/contact/

アクセス用 QR コード：

www.hitachi-solutions-east.co.jp/contact/

TFC ビジネスシミュレーションゲームへのアクセスガイド

　TFC のゲームポータルへのアクセス方法について説明します。次の手順に沿って操作ください。なお、ゲームポータルのトップ画面は英語表示となりますが、実際のゲーム画面については日本語表示を選択可能です。

1．https://id.inchainge.com/ にアクセスします。

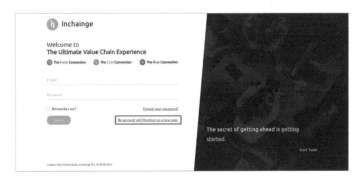

2．「No account yet? Register as a new user.」のリンクをクリックします。
3．メールアドレスと任意のパスワードを入力し、「Next」ボタンをクリックします。

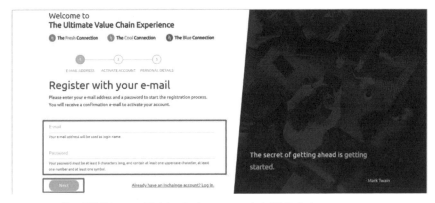

4．Register 後、再度 https://id.inchainge.com/ を開きます。

5．登録メールアドレスとパスワードでログインします。

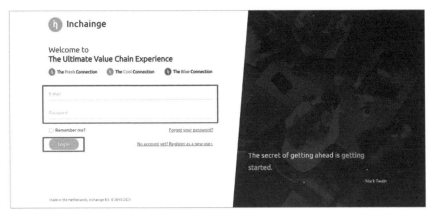

6．ログイン後、画面左下の「Code entry」に、"MSC_FreeJ" を入力し、「Submit」
ボタンをクリックします。

7．コードを入力すると、「MY PORTALS」欄の下方に「MSC_FreeJ」欄が表示
　されます。なお、万が一コード入力エラーが発生した場合は、次のコードを埋め
　込んだリンクから再度アクセスをお試しください。

　https://my.inchainge.com/enter/dc4b17feb53b494e98d24b6773b976be

8．「MSC_FreeJ」欄下に表示されている、「ENTER SIMULATION」ボタンをク
　リックします。（下図と表記が異なる場合があります。）

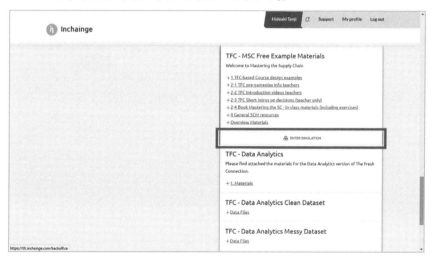

9．TFC ビジネスシミュレーションゲームの画面が表示されます。

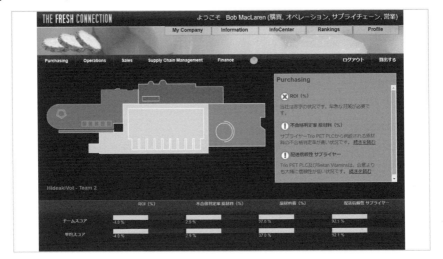

謝　辞

　いま読者の皆さんに手に取っていただいている本書を刊行するにあたってお礼を述べなければならない方々がたくさんいます。まず初めに、本書を刊行するという機会を与え、内容の精査、全体の校正を支援してくれたエッフ・ハーク、ハンス・クレマーおよびミシェル・スティーマンに感謝の意を表します。また、インチェインジ社の他のチームメンバー、特にフレッシュコネクションに関する膨大な質問に答えてくれたアントゥーン、ジョーシャムにも感謝を伝えたいと思います。

　次に、刊行に関わる多くの期間を支えてくれた出版社であるコーガン・ページ社に感謝の意を表します。特にジュリア・スウェールズ、レックス・エルストン、ロイジン・シングには格別の感謝を表したいです。

　さらに、自主的に校正作業や内容に対する有意義なフィードバックをくれた私自身のサプライチェーン領域における仲間たち、特にグスタボ・エスクデロ、アル・デ・ラ・クルスといったペルーからの二人の仲間、またスペインのデジレー・ノッペン、本書とともに活用される講義者向け補足マテリアルの作成に尽力してくれたチャック・ニマー（米国）、コリーン・ファン・デル・スロート（オランダ）にも感謝の意を表したいです。

　また、2004年に私をスペイン、バルセロナにおいて正式な教職員として雇い入れ、私自身がいまだに講師、トレーナーとして追い続けている経験学習という道に私を導いてくれたセサール・メヒアにも格別の感謝の意をここで表明したいと思います。

　これですべてではありませんが最後に、私にいつもインスピレーションとエネルギーをくれたマリエケ、パウ、マークにも感謝しています。この本はあなた方のものです。

目 次

はじめに　シンプルだけど簡単じゃない（1）　　xi

本書の構成　　xvii

第1部　基本編

第1章　サプライチェーン　イントロダクション　　3

図表一覧

演習問題一覧

基本編

第1部の基本編ではサプライチェーンマネジメントの基本的な概念と考え方のフレームワークを取り扱います。個々の概念やフレームワークの重要性と相互の関係について順を追って説明していきます。またサプライチェーンの分野だけでなく関連する戦略やマーケティング分野の優れた文献についても適宜紹介していきます。この第1部で取り扱っているトピックの多くについては、皆さんがそのトピックに慣れ親しんでいただけるよう演習問題を用意しています。

演習問題では身近なトピックについての情報を集めながら**考える**ことが求められます。この第1部で基本的な知識を獲得することで、その後に続く第2部で純粋な基礎知識の理解だけでなく、それらを超えて実際に実践することができたり知識をより**深く理解**できたり、さらには現実への応用をも容易に**想像**できたりするようになるでしょう。

第1部ではサプライチェーンの3つの側面（ビジネス、テクニカル、リーダーシップ）を章ごとに扱っていきます。

第1章 サプライチェーン

イントロダクション

　本章で、私たちはサプライチェーンの原理原則を探求する旅へと出発します。まず以下の項目について確認していきます。

- ●企業におけるサプライチェーンの役割
- ●サプライチェーンとその関連事項についての定義
- ●サプライチェーンはどこまで大きくあるべきか？
- ●企業の大きさによる影響
- ●サプライチェーンの構成要素

サプライチェーンとは何か？

サプライチェーンの重要性：テクニカルな話？企業の組織の話？

　サプライチェーンとは何でしょうか？なぜその話題についてわざわざ学ばなければならないのでしょうか？この疑問に対しては実に多くの答えがあり得ます。ただ、国や企業レベルでのサプライチェーンにかかる費用を示すより、サプライチェーンが適切に機能しないと何が起こり得るのかを考えていただくことで、その重要性は簡単に理解できるでしょう。

　新聞などではサプライチェーンが分断されたことによって発生した事象が頻繁に報道されています。それら記事の中ではサプライチェーンという単語は使われていないかもしれません。そのかわりにサプライヤー、製造業者、あるいはロジスティクスという単語が多用されているかもしれません。サプライチェーンの分断は実は頻繁に発生しており、これに関してはこの章の後半で演習問題を用意しています。分断の例として、この本が書かれている2017年から2018年頃に発生した大きなサ

プライチェーン分断の事例を紹介しましょう。最初に紹介する事例はテスラ社のモデル3増産に関する問題です。この問題は、ロボットによる生産から人による生産へと切り替える必要に迫られた問題、あるいは継続的な設計変更による機械メーカーやサプライヤーとの関係悪化問題と多岐にわたっています（Financial Times, 2017）。2018年3月のCNN（Isidore, 2018）によると、「当初は2017年末までには週に5,000台のモデル3を生産すると約束していた。しかしながら実際には第3四半期に222台、そして第4四半期には1,542台しか生産されなかった。現在、週当たり5,000台の生産目標は（2018年）6月末まで延期されている。」その間、テスラ社は問題解決をしながら当初の計画に戻すために全力で取り組んでいました。2018年4月3日、公式なプレスリリースで「テスラは約3カ月後には週当たり生産台数をおおよそ5,000台とすることを引き続き目標とし、そうすることで第3四半期において念願であった理想的な規模と利益と営業キャッシュフローのバランスを達成する基盤を構築できる。つまり、現時点では、通常の融資枠以上に株主資本や負債を増やす必要はない。」（Tesla, 2018）と発表しました。なぜこのようなことが起き、そして誰が非難されるべきなのかは別として、この問題はおそらく簡単でも単純でもないでしょう。この状況が継続すればテスラ社は現金を消費し株価を下落させるリスクをはらんでいます。さらに、顧客からの信用が損なわれる可能性があります。テスラ社が事態を好転させることができるよう願いますが、当面はそれが長く困難な道のりのように思えます。

　海上輸送大手である韓進海運（韓国）社のニュースも紹介しましょう。当時は世界の上位5社に位置付けられていたにもかかわらず、そして大量のコンテナが世界中の多くの港湾で出航を控え、また多くの貨物船がコンテナを満載して海上を運行していたにもかかわらず、流動資産が十分でないことが原因で倒産しました（Guardian, 2016）。また、ブラジルにおける紙繊維製造業の供給問題に加えてカナダで森林火災が例年より多く発生したことにより、台湾においてトイレットペーパーが不足し、国中のスーパーへ消費者が殺到しました。その結果、製造業者の株価が大幅に値下がりしました（Horton, 2018）。

　ケンタッキーフライドチキン（KFC）社の例を見てみましょう。KFCは鶏肉の不足により英国で数百店舗の閉店を余儀なくされました。この不足の理由はKFCが物流パートナーを変更したことにあります。新しい取引先とともに運用開始日ま

でに物流業務の問題点を取り除いていなかったことが問題でした。結果として
KFC とその新しい物流パートナー会社は世界のニュースに取り上げられ、レスト
ランはオープンできず、つまり売り上げを上げることができず、顧客は不満に思
い、レストランの従業員はただ家に帰されるはめになったのでした（BBC,
2018）。

　以上の様々な例においては、うまくいかなかったのは誰の責任なのか、という疑
問の他にも考えるべき多くの事があります。しかしながらこれら事例からの主要な
メッセージは、サプライチェーンは企業にとってその運用管理が正しく行えている
かどうかを心配するに足る、非常に重要なものであるということでしょう。正しく
運用されなかった場合の損害があまりに大きすぎます。

演習問題　1.1

サプライチェーンの分断を探求しましょう

探求課題

　紹介した事例はこの本が書かれている2017年から2018年あたりのもので
す。しかしながらこうした事例のような「分断」は常に発生しているようです。
ネットで最近のサプライチェーンにおける混乱を検索してみましょう。例えば
半年から1年前までの間に注目しましょう。そのような混乱がなぜ発生したの
か、原因を特定してみてください。そしてその混乱による直接的・間接的な影
響にはどのようなものがあったのかを整理しましょう。

サプライチェーンの定義

　サプライチェーンの重要性およびサプライチェーンが機能不全となった時に何が
起こり得るかについて短く紹介してきましたが、ここでサプライチェーンの定義を
明確にしてみましょう。実際、サプライチェーンの定義にはいろいろあります。
ネットで「サプライチェーンの定義」あるいはそれに類似したキーワードで検索し
てみてください。おそらく皆さんが見つけた定義には共通している部分もあれば異
なっている部分もあるでしょう。まず最初に、前節の例が示しているようにサプラ
イチェーンの「チェーン（鎖）」の部分が何を象徴しているかについて考えてみま

しょう。「鎖（チェーン）全体の強度は最も弱いリンク部分で決まる」という意味を表現するフレーズは、言語によって様々です。最も弱い部分が全体を決めてしまうという比喩を実際のサプライチェーンに当てはめてみると、サプライチェーンに参画している多くのプレイヤー間の相互依存関係がいかに重要かを説明していることになります。もし自社のあるサプライヤーが機能しなくなった場合、自社も結果として生産も出荷もできなくなります。このような時、顧客からの問い合わせに対してサプライヤーの責任にすることはできません。結局、顧客は自社と取引しているのであって、サプライヤーと取引しているわけではないからです。

　広く使われているサプライチェーンの定義はサプライチェーンカウンシルによるものです。サプライチェーンカウンシルは業界団体であり、2014年にAPICS（現ASCM）と合併しました。このカウンシルはSupply Chain Operations Reference（SCOR）モデルの作成にかかわっています。SCORモデルはプロセスに基づいたサプライチェーンマネジメントの視点を提供しているもので、どのようなサプライチェーンに属するどのような会社においても計画、資材調達、生産、配送、返送のステップから構成されるとしています。全体像は**図1.1**で示しています。後にコメントしますが、このサプライチェーンはサプライヤーのサプライヤーあるいは顧客の顧客といった想定をすることで簡単に拡張することができます。

　スタントン（Stanton, 2017）は彼の実務向けの書籍においてSCORモデルを数多く引用しています。APICSも近年iOSおよびアンドロイド向けアプリを提供

図1.1　SCOR モデルの概要

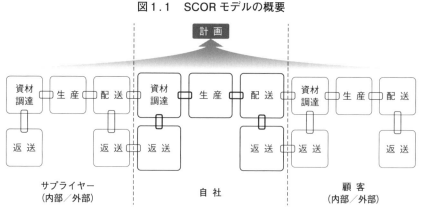

することでモデル全体についての情報提供をしています。

　著名な教科書におけるサプライチェーンの定義を見てみましょう。ラシュトンら（Rushton *et al.*, 2017）は以下のように定義しています。

　　ロジスティクス＝原材料管理＋輸配送
　　サプライチェーン＝サプライヤー＋ロジスティクス＋顧客

　クリストファー（Christopher, 2016）によるとサプライチェーンは「サプライチェーン全体のコストを下げながら顧客に対して優れた顧客価値を届けることを目的として上流側と下流側におけるサプライヤーと顧客との関係を管理すること」と定義されています。

　スミチ・レビら（Simchi-Levi *et al.*, 2009）は「…システムの無駄なコストを最小限に留めつつ顧客へのサービスレベルを最大限に保つため、最適なタイミングで的確な量を生産し確実に流通させるためにサプライヤー、製造業者、倉庫業者そして小売企業間の意思決定を円滑に統合する仕組み」と定義しています。

　筆者が個人的にワークショップやトレーニングで使う定義はチョプラ＆マインドル（Chopra and Meindl, 2016）による、「サプライチェーンは直接的そして間接的に顧客の要求に応える活動に関与するすべての組織から構成される」という定義です。サプライチェーンの境界については非常に曖昧にも見えますが、そこが重要な特徴でもあります。実際には状況に応じて皆さんがどれだけ長く、そしてどこまでの範囲でサプライチェーンを定義するかを決めるべきでしょう。

　すべての定義に共通しているのは、サプライチェーンはモノ・情報・資金（コストと収益）の流れであり、より重要なのは、チェーンの末端にいる顧客（上流側に位置するサプライヤーとは反対側に存在し、下流側の末端）のニーズを満足させることを目的としていることでしょう。別の言葉では、直接的なチェーンの末端で支払をしている顧客は明らかにサプライチェーンに含まれていると考えます。

　ここで興味深いのは、スミチ・レビは彼が「開発チェーン」と名付けているものとサプライチェーンを明確に区別しかつ関連付けている点です。後者は前述のように定義されていて安定的な既存製品の調達、製造、そして供給を意味しますが、開発チェーンは新製品開発と新製品のための調達、製造、そして供給の設計を意味しています（Simchi-Levi *et al.*, 2009）。

　企業の社会的責任や持続可能性との関連において、循環型チェーンへの関心が高まってきています。返送のプロセスは SCOR でもすでに定義されていて、モデルに含めていくことも可能となっています。

　顧客と消費者の違いについても言及しておきましょう。チェーンに属するどの企業も顧客を持っていますが、消費者という言葉は通常チェーンの末端に位置する最終ユーザーのことを示しています。テスコ社やカルフール社といった小売企業はエビアン社のようなミネラルウォーター製造業者の顧客ではありますが、消費者は店舗の中で水を購入している人々を指します。この顧客と消費者の違いについては、顧客価値について説明する第 2 章にて再度言及します。

定義の重要性

　これまで紹介してきた定義は、標準的な教科書がサプライチェーンをどのように見ているかという特徴を示しています。サプライチェーン業務に従事している世界中の人々と働いた経験から言えるのは、あまり過度に何が正しい定義なのかを心配する必要はないということです。全体的な視点からサプライチェーンについて議論している時に、相互に意思疎通ができなくて困ることはまずありません。あるいは、他部門と機能の境界を越えて議論するときもそれほど困りません。多くの場合において意思疎通に重大な問題が起こることはありません。

　しかしながら、サプライチェーンのある特定の部分についての定義となると、多少話は違ってくるかもしれません。専門用語の違いに混乱することが多々あり、それらは背景や会社の成り立ち、あるいは国レベルでの慣習に依存していることもあり得ます。「ロジスティクス」という言葉が良い例でしょう。ある人にとっては包括的な末端から末端までの視点で、ほぼサプライチェーンと同義ですが、またある人にとってはより現場における活動、例えば倉庫業務や配送業務を意味することがあります。二人の人の間で議論がかみ合わないことはあり得ますし、その原因はそれぞれの人がそれぞれの理解で同じ言葉を使うことにあります。同様に、購買と調達の機能にも違いがあります。ネット検索をすれば大量の異なる説明文が見つかるでしょう。そして時にまったく相反する説明が同じ言葉に対してされていることもあるでしょう。

　実務においてはサプライチェーンという言葉に関連してそれほど混乱は起きては

いませんが、多少でも曖昧な部分がある場合にはやはり定義は重要となります。定義は、誰が正しく誰が正しくないかを判定する為にということではなく、相手との認識の違いをなくし議論をより生産的にするという意味において必要となるでしょう。

サプライチェーンはどのように見える？

サプライチェーンの範囲

　対象とするサプライチェーンをどこまでの範囲とするのが適切なのか、という質問に戻ってみましょう。企業の方針を決める時に主要サプライヤーのサプライヤーまで考慮することに意味はありそうでしょうか？あるいは、顧客の顧客はどうでしょうか？単純に「イエス」とすることは難しいでしょう。この判断は企業が何のビジネスをどのように実行しようとしているか、と関係するからです。もしそれらを考慮することに意味があるのであれば、サプライヤーのサプライヤーや顧客の顧客も含め、それらとの関係を管理する最善策について意思決定をしなければなりません。もしそのような関係まで考慮することにあまり意味がなさそうであれば、直接取引をしているサプライヤーと顧客のみを対象に含めればよいということになります。

> **演習問題** 1.2
>
> **サプライチェーンの範囲はどの程度が適切なのか考えてみましょう**
>
> **探求課題**
>
> 　どのような場合に直接取引をしているサプライヤー（上流側）そして顧客（下流側）の範囲を越えて、さらに上流側・下流側のサプライヤーと顧客を考慮すべきであると考えますか？
>
> 　その理由はなんでしょうか？この質問は、もし直接取引をしているサプライヤーと顧客だけを考慮した場合に、どのようなリスクがありますか？と言い換えることもできます。

　同様の選択は企業内における部門についても当てはまります。例えば研究開発部

門は直接的あるいは間接的、どちらの方法で顧客の要求を満たしていると言えるでしょうか？議論の余地はあると思われますが、多くの場合において日々のビジネスに研究開発部門は関与していません。しかしながら研究開発部門において開発されたり、選定されたりした技術や製品は遅かれ早かれサプライチェーンの活動に影響を与える可能性があると言えるでしょう。同様のことは多少の差はあれ IT、法務、人事といった部門にも当てはまります。難しいのはそれらがサプライチェーンにどのような影響を与え得るのか、そしてそれを管理するための最も好ましい方法を、簡単な手続きと数少ない会議によって特定することです。

サプライチェーンにおける規模と力関係のインパクト

　サプライチェーンという言葉が示すのは、それは個々の企業のことではなく、それら個々の企業が構成する全体のことです。たまたま同じサプライチェーン内に属するからといって企業間の関係が素晴らしく素敵になるなどといったことはありません。企業の規模が複数企業間の関係性になんらかの影響を与える要因となり得ることは理解しておくべきでしょう。比較的小さな規模であっても何か特別な価値を提供できる企業であれば、例外的に大きな企業側が小さな企業のやり方に従って取引をする場合もあるでしょうが、一般的には企業の規模は企業間の関係に大きな影響をもたらす要因の1つであることは間違いないでしょう。

　まず、大きな企業は小さな企業よりも強い交渉力を持ちます。大きな企業は扱っている量も多く、小さな企業に言うことを聞かせる力があります。逆に小さな企業は、契約交渉において最初から難しい立場にあることになりますし、大企業側に対して自社の効率化プロジェクトに参加するよう説得するのはさらに困難でしょう。

　しかしながら、大きな企業の購買力等の力を利用することで小さな企業の効率を上げることも可能です。例えば、大きな企業は大量の物量を背景として物流会社と有利な契約を結ぶことも可能ですし、銀行からより有利な条件を引き出すことも可能でしょう。そのような場合に小さな企業にも一緒にそれらの契約や条件に参加してもらうのです。言い換えると、大企業が持つ有利な条件を小さな企業も使えるようにするのです。

　トヨタ社やイケア社、あるいはスペインの小売りチェーンであるメルカドーナ社は主要なサプライヤーとの関係をベストプラクティスとして他のサプライヤーへも

適用しています。もしある主要サプライヤーとの協働活動が良い結果をもたらしているのであれば、類似した内容を他のサプライヤーに提案したり、あるいは2つのサプライヤーに共同で取り組むよう促したりもします。このような例は、規模が小さいことが必ずしも不利にはならないことを示しています。規模が異なる企業間でのやり取りの方法は時として予想することが難しいですが、企業規模による影響は無視できない要因となります。

サプライチェーンの構成要素：パズルのピース

　サプライチェーンの対象にどこまでを含めるか詳細に考える前に、企業にとってサプライチェーンはどのように位置づけられているかを検討してみましょう。歴史的な考え方では、サプライチェーンに関する解決策を決定する際に最初に考慮すべきは企業戦略となります。その後、機能別の部分的な戦略立案へと続きます。ここでの機能とはサプライチェーンの端から端までに含まれるものです。次にすることは、ロジスティクスやサプライチェーンのターゲットの定義です。これらターゲットは正しいサプライチェーンを規定する際のインプット条件となります。しかしながら最近、サプライチェーン戦略は、単に戦略的決定からの産物ではなく、サプライチェーンの能力によって企業の戦略が変化するというように、相互に依存した双方向の関係である、とする意見が強くなってきています。このトピックについては第2章でより深く触れることにします。

　サプライチェーンを考えるに際に考慮すべき構成要素とはなんでしょうか？まず、ヴィッサー＆ヴァン・ゴール（Visser and van Goor, 2011）が提案した「統合ロジスティクスコンセプト」（**図1.2**）に言及したいと思います。彼らがこの言葉を使い出したのは1990年代であるにもかかわらず今現在でもよく使われており、その言葉は今日のサプライチェーンとほぼ同義であることを理解していただけるでしょう。

　彼らの本来のコンセプトは、企業戦略、市場／セグメント、そして提供価値から始まり、それらを統合サプライチェーンの設計へとつながります。戦略とサプライチェーンは順に考慮するものではなく互いに一体化して考えるものという概念の一貫性から、図中の箱と箱を結ぶ矢印は双方向となっています。図に示されているサプライチェーンの構成要素は以下のようになっています。

図1.2 統合ロジスティクスコンセプト

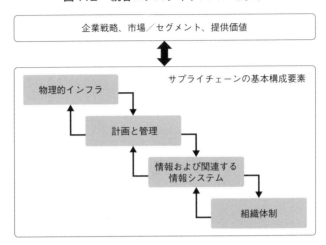

出典：ヴィッサー＆ヴァン・ゴール（2011）

● **物理的インフラ** 例えば、工場、倉庫、港、そして輸配送のためのハブ、生産あるいはロジスティクス技術についての判断や、オペレーションを内製するか外製とするかの判断、さらにはプッシュかプルのどちらのシステム（これら用語ついては後述）を基本とするか等があります。物理的インフラにはもう１つ重要な要素があり、それはサプライチェーンを移動していくモノです。通常それらは商品あるいは製品と呼ばれます。企業においてある製品を特定する際には **SKU** という用語がよく使われます。これは Stock Keeping Unit の略で、参照番号や商品コードと呼ばれる場合もあります。SKU は完成品だけでなく構成部品にも使われることがあります。

● **計画と管理** 例えば、需要予測、生産管理と製造の順序付け、在庫管理、輸配送計画等が該当します。これらは関連する会社内のプロセスだけでなくプロセス間の調整も含みます。

● **情報および関連する情報システム** 前述のプロセスの計画や実行に必要となる関連情報を提供する為に必要となります。

● **組織体制** 誰が何をどのプロセスで実施するかの役割と責任について明確にしておくことです。

図1.2にあるように、下部にある4つのブロックは順番に並べられており、それぞれはつながっていてネットワーク状に広がった状況で様々な選択をしていくことになります。反対向きの矢印もいくつかあり、それは統合的なサプライチェーンの設計が相互依存的であることを示しています。

第3章においてサプライチェーンのテクニカルな側面を考える際は、ここで述べた統合ロジスティクスコンセプトの構造と順序に従うことになります。この統合ロジスティクスコンセプトの考え方は他の教科書に示されているサプライチェーンの構成要素と非常に親和性が高いものです。

サプライチェーンにおける意思決定のもう1つの特徴は、意思決定における時間軸と影響の大きさに関係しています。意思決定のレベルは通常以下の3つに区分されます。

- **実行（レベル）** 短期的意思決定（例えば今後3カ月）
- **戦術（レベル）** 中期的意思決定（例えば3〜18カ月）
- **戦略（レベル）** 長期的意思決定（例えば18カ月以上）

実際にどれくらいの期間が短期、中期、あるいは長期なのかはその企業や業界によって違ってきます。技術革新のスピードの速さから、ハイテク産業では今後の2年間というのは永遠のように長い期間と感じられるかもしれませんが、航空機産業ではそれ程早く物事が運んでいくといったことはありません（産業間で異なる時間スピードに興味がある読者はチャールズ・ファイン（Charles Fine）の"Clockspeed"（1998年出版、日本では小幡照雄 翻訳（1999）『サプライチェーン・デザイン』（日経BP）を参照のこと）。意思決定の時間フレームの違いについては後ほど第3章にて再度触れることにします。

サプライチェーンはどのような見た目？サプライチェーンマッピング

すでに存在している、あるいは計画中のサプライチェーンをわかりやすく図にするテクニックとして広く知られているものに**マッピング**と呼ばれる方法があります。マッピングとは、ビジネスを構成する組織のプロセスや関係を図示する、という意味です。いろいろなタイプのマップがあり、それぞれ少しずつ注目する点が

違っていたりします。**図1.3**は頻繁に使われているマップを示しています。

- ●**ネットワークフロー図**　ネットワーク中にある施設の何処と何処がつながっているかを示すことを重視したもので、複雑さを図で表現できる特徴があります。さらに定性・定量データを書き加えることでより分かりやすいものにすることができます。例えば、物量やサービスレベル、在庫量や出荷量を明記することがあります。
- ●**GIS図**　GISとは地理情報システム（Geographic Information System）の略で、需要や出荷の頻度やサイズ、顧客数等のデータを、例えば郵便番号のエリア別に、地図上に示したものです。
- ●**プロセスフロー図**　ビジネスのプロセスを論理的つながりと流れの方向を使って示したものです。各部門を列（「スイムレーン」と呼ばれる）で表現した背景上に意思決定の全体フローを表現した図のように、責任の所在を示すような使い方も含みます。

図1.3　広く知られているサプライチェーンのマッピング方法の例

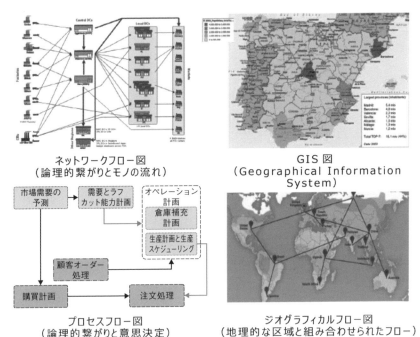

ネットワークフロー図
（論理的繋がりとモノの流れ）

GIS図
（Geographical Information System）

プロセスフロー図
（論理的繋がりと意思決定）

ジオグラフィカルフロー図
（地理的な区域と組み合わせられたフロー）

●**ジオグラフィカルフロー図**　ネットワークフロー図に似ていますが、左から右へとつながる論理的つながりを重視するのではなく、地図上に地理的な位置関係を重視して表現する場合に使われます。

　上記のうち3種類の図については第2部で再度説明します。

まとめ

　本イントロダクション章では、サプライチェーンの主要な基本定義と構成要素について扱いました。サプライチェーンマネジメントの原理原則を探求する本書の第1部では、以降、**ビジネス**（第2章）、**テクニカル**（第3章）、そしてサプライチェーンにおける**リーダーシップ**（第4章）の各側面から、更に詳細について、掘り下げていきます。**図1.4**に、これから扱う内容の俯瞰図をそれぞれの分野別に示します。

図1.4　サプライチェーンマネジメントの3つの側面、それぞれで網羅されるトピック

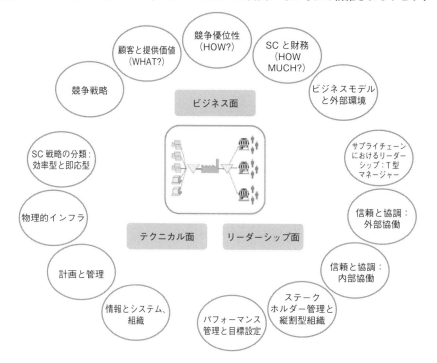

第2章 サプライチェーン

ビジネス面

　サプライチェーンは異なる（主に実行に関わる）部門をまたぎ、企業内の他部門と共に仕事を進めるという意味で、ビジネス全体から見て欠かせない機能です。本章では、サプライチェーンと企業のビジネスとの関係性をより詳細に探求していきます。

　ここでは次のポイントに取り組んでいきます。

- ●競争戦略あるいは企業戦略
- ●顧客価値の概念：提供価値（what?）
- ●その価値を届けるためにしなければならないこと：競争優位性（how?）
- ●サプライチェーン戦略の分類
- ●サプライチェーンと企業財務との関係性（how much?）
- ●ビジネスモデルにおける包括的な視野：ビジネスモデルキャンバス（what, how and how much?）
- ●企業の外部環境がサプライチェーンに及ぼす潜在的な影響
- ●サプライチェーンのリスクとレジリエンス

　第2章と第3章では、サプライチェーンマネジメントにおけるビジネスとテクニカルの両面から様々な事項について考えてもらうために、多くの演習問題に取り組んでもらいます。演習問題では、皆さんが特に興味を持っている業界の企業を数社選び、取り組んでみてください（サービスではなくモノを商品として提供している企業の方がより好ましいでしょう）。また、選んだ企業は第2章、第3章で参照できるようにしておくとよいでしょう。

業界的な視点：競争戦略

業界と市場

　戦略の策定には業界と市場との区別を明らかにする必要があります。簡単に言うと、**業界**は企業が事業を行っている競争環境のことを指します。したがって、同じまたは類似の顧客セグメントで競い合う他社と、同じまたは類似の製品やサービスで、顧客の財布を取り合うのです。

　一方、**市場**は企業がターゲットとする顧客グループのことを指します。つまり自社の製品やサービスを購入する潜在的な可能性を持った人々、あるいは企業という言い方もできます。これに関しては、この章の次節でより詳しく述べます。

　業界から考え始めると、業界内にはどれほどの圧力があり誰が競争相手かということが最初の問題となり、次に、競争においていかに彼らを打ち負かすか、ということが問題となります。こうした問題に答える方法の1つとして、ポーター（Porter, 1985）が提唱したファイブフォース分析は非常に有名で、広く用いられている手法です。ファイブフォース分析で直接的な競合企業、新規参入の脅威、代替商品や代替サービスの脅威、サプライヤーと顧客からもたらされる圧力という軸で（競争状態を明らかにすることによって）、競争環境に対するはっきりとした視界が得られます。

競争戦略

　業界の状況が明らかになると、企業はそこでどのようにして最高の競争をするかということを決めます。ポーターは3つの基本戦略を提起しました。まず1つ目は競合他社よりも安価な価格を実現する**コストリーダーシップ戦略**。そして、より良い、あるいは迅速に製品やサービスを提供する**差別化戦略**、最後が**集中戦略**です。最後に挙げた集中戦略とは、同業他社からは無視されるか、少なくとも激しい奪い合いになるようなことがない、特定の比較的小さくニッチな分野に集中するということを意味します。

　トレーシー＆ウィアセーマ（Treacy and Wiersema, 1995）によって提唱された競争戦略策定のためのフレームワークも広く用いられています。ポーターのものとは僅かな違いがありますが、彼らもまた以下のような基本戦略を提起しています。

●**オペレーショナル・エクセレンス戦略** 低コストで良いサービスを提供することに焦点を合わせる戦略ですが、製品やサービスのポートフォリオ構成は小さめであることが前提となります。

●**カスタマー・インティマシー戦略** 卓越したレベルの顧客サービス提供、大規模な製品・サービスのポートフォリオ構成、総合的なソリューションの提供に注力する戦略です。

●**プロダクト・リーダー戦略** 継続的な製品開発を前提とした高品質で最先端の製品の提供に注力する戦略です。

　提起された戦略自体には少し違いがありますが、トレーシー＆ウィアセーマとポーターとの間にはいずれも戦略的選択の明確化を提唱しているという興味深い共通点があります。ポーターはこれを「中途半端」の回避と呼びました。つまり、明確な戦略的選択をせず万人に受ける万物を作り出そうとした場合には、実際には誰にとっても望ましくない結果になる、ということです。

演習問題 2.1

業界、企業、戦略について調べてみましょう

探求課題

　関心ある業界を1つ以上選び、その業界のいくつかの会社について文献を使って調べましょう。得られた情報をもとに、各業界の企業がどのような基本戦略を取っているかを考えましょう。各社の戦略がどのように異なるかを知るためにトレーシー＆ウィアセーマやポーターのフレームワークを用いることを強く推奨します。戦略の違いが明確になるだけでなく、それらのフレームワークがどれくらい役に立つかということも分かります。それぞれのフレームワークについて戦略分類別に表を作り、そこに企業のとる戦略に応じて実際の企業名を当てはめてみましょう。

　作成した表からどのような結論を得ましたか？戦略がどの程度明確になりましたか？「中途半端」に位置する企業をどれくらい見つけましたか？

　企業がこれらの戦略のうちどれを選択するとしても、最終的にはそれぞれのサプ

ライチェーンにおいてどのような行動を取らないといけないか、ということを決める必要があります。この点に関しては業界と競争戦略について駆け足で述べた後再度述べますが、一旦、販売先、つまり顧客について見てみることにしましょう。

企業のビジネスは何か（what?）：顧客と提供価値

価値という概念：何故彼らは我々から購入するのか？

　企業は顧客への販売によって収入を得ています。それがビジネスの起点であり、前章でサプライチェーンの定義について述べた際には、顧客がサプライチェーンの一部であり、かつ非常に重要な位置付けであることは明らかでした。この文脈においては「価値」という言葉もまたよく使われます。企業は顧客に対して、彼らが価値と感じるもの、そしてそれに対価を支払いたいと思う何かを提供しなければなりません。私はそれを企業の "what?" と呼んでいます。言い換えると、我々が顧客に約束しているもので、顧客が価値を認めているものは何か？ということです。

　マーケティング分野の学術的研究には、例えばフィリップ・コトラー（Kotler and Lane, 2015）のよく知られたフレームワークのように、価値という概念に関する多くの参考文献とフレームワークがあります。一般的に広く受け入れられている表現として、価値とは、製品やサービスに対して対価を支払うという関係において、顧客が受け取る利得機能であるというものがあります。ある意味、私たちの身近なところでは「価格と質の関係」という日常よく使われる言葉で言い表せるものです。

　これらの利得はどこからもたらされるのでしょうか。「提供価値」の要素は何なのでしょうか？マーケティング分野の学術研究には膨大な数のフレームワークと提供価値を扱った概念が存在します。コトラーの「製品レベル」（Kotler and Lane, 2015）からオスターワルダーの提供価値キャンバス（Osterwalder *et al.*, 2014）、そしてクロフォード＆マシューズによって提案されたファイブ・ウェイ・ポジショニング戦略（5つの価値要素とそれらの市場における相対的な卓越度合いに関するフレームワーク）（Crawford and Mathews, 2003）など様々です。クロフォード＆マシューズによるフレームワークは、彼らが5-4-3-3-3戦略と呼ぶもので、1つの要素で市場における覇者に、その他の1つの要素では平均以上に、

残り３つの要素では業界水準であれ、という考え方です。つまり、すべてにおいて最上位であることを目指してはいけないということを言っています。デスメット（DeSmet, 2018）はクロフォード＆マシューズのフレームワークを独自の方法で、本章の初めに紹介したトレーシー＆ウィアセーマの基本戦略の考え方と組み合わせる方法を提案しています。ラストリー＆シャープ（Lastly and Sharp, 2010）もまた価値に関して、主にブランドとブランディングの視点から広範囲に取り上げ、巧みなセグメンテーションと具体的なマーケティング方策への落とし込みについて述べています。

　これら全てのフレームワークでは価値について異なる定義や視点を取り入れた詳細なアプローチが示されており、それぞれの詳細に入り込むことは本書の目的からは外れてしまいます。本書の目的は、クリストファーやラシュトンらが出版したサプライチェーンマネジメントについての著名な著書の中で紹介されているフレームワークに立ち返り、これらを少し単純化することです。サプライチェーンに最も関連が深いという点で、例えば製品という言葉について考えるとき、ラシュトンら（Rushton *et al.*, 2017）同様、クリストファー（Christopher, 2016）に従うと、そのフレームワークの起点は価値の中心に位置する核となる製品です。人によって製品の基本的な、あるいは核となる利得に関しては意見が分かれますが、多くの皆さんは製品の品質、機能性、特徴、耐久性といったことを思い浮かべるでしょう。例えば傘は雨に濡れないための、薬は病気から回復するための、そしてミネラルウォーターは喉を潤すための製品です。

　しかしいくつかの市場、特に複数社が同様の製品を販売しているような成熟市場にあっては、このような基本的な利得だけでは顧客の心を掴むような製品差別化にはならないので、コストリーダーシップやオペレーショナル・エクセレンス戦略を追求する必要があります。企業によってはクリストファーやラシュトンらが「サービス環境」とか「製品環境」と呼ぶものが差別化として位置付けられるかもしれません（**図２.１**）。この付加的な層においては、純粋な物的製品以外の要素が決め手となってきます。例えば、配送サービス、配送信頼性、配送前の注文変更に対する柔軟性、アフターサービス、包装材の選択肢の豊富さ、個別ラベルの貼付といったことが挙げられます。

　後述しますが、顧客に提示される適切で正確な提供価値の定義は、サプライ

図2.1　価値、核となる製品、製品／サービス環境

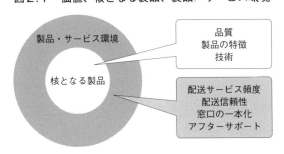

出典：クリストファー（2016）およびラシュトンら（2017）

チェーンのあるべき姿を描く足掛かりとして重要な要因の1つとなります。

万人受け（全員に合う1サイズ）か、顧客セグメンテーションの絞り込みか

　ほとんどの企業にとって顧客セグメントは1つではなく、通常は様々なセグメントでビジネスを展開しています。マーケティング分野の先行研究には顧客セグメンテーションに関する多くの参考文献が存在しますが、その裏側には、顧客は全員100パーセント同一ではないということ、そして「全員に合う1サイズ」は非常に効率的だけれども、結局は誰にとっても本当に欲しいものにならない、という基本的な考え方があります。反対に、すべての顧客にそれぞれが求めるものを提供することは効率性を害し、価格や利益を犠牲にすることになります。

　それゆえ顧客セグメント絞り込みのための科学的手法が意味を持つのです。必要な有用セグメントを見極めると同時に、その数をできるだけ絞り込むことで、カスタマイズと効率性のバランスを最適化するのです。こうした顧客セグメンテーションのための詳細な概念、方法やツールに関する議論は本書の域を出ます。ここでは、大部分の企業はいくつものセグメントでビジネスをしていることと、各セグメントには異なる価値提供を求められている、ということが理解できれば十分です。ただし、これらのセグメントには多少の重なりがあり、完全に分離することは困難です。そして、それぞれがカスタマイズと効率性を同程度の重要度で追求しながら、サプライチェーンのソリューションとしては異なる提供価値を必要とする可能性があるということを分かっておいてください。

　例えば、ノートパソコンの製造企業であるヒューレットパッカード社やエイサー

社について考えてみましょう。これらの企業はドイツのメディア・マルクト社やイギリスのカリーズ社といった大手家電量販店だけではなく、テスコ社やカルフール社といったスーパーマーケットチェーンにも商品を販売しています。さらに、小規模な小売店にも直接販売していますし、アメリカのイングラム・マイクロ社のような大手卸売業にも販売しています。同時にアマゾン社のようなeコマースのプラットフォームでも販売されていますし、自社のオンラインショップでも販売されています。商業的には、これらはそれぞれ異なるセグメントであり、場合によっては市場規模や地理的条件（国際、国内、地域）によって、セグメントをより細かくすることさえ必要な場合があります。そして容易に理解できるように、これらは基本的には購入する製品自体が同じであっても、配送の頻度、再包装、ラベルの再貼付、配送信頼性とスピード、電子的な情報接続やその他多くの項目でそれぞれ特有のサービス提供を求められます。

顧客と消費者：似て非なるもの

　これに関しては既に簡単に触れたのですが、どのような企業環境におかれていたとしても、その企業の直接的な顧客と最終的な消費者では異なる重要な性質を持つ場合があります。都市部や市街地にある地域のコンビニエンスストアのオーナーについて考えると、彼らの顧客は大方の場合、最終消費者と同じでしょうから、顧客と消費者を区別する必要はありません。

　では製薬会社を例にとってみるとどうでしょうか。製薬会社にとって最終消費者は患者であり、患者にとってはその薬が体内でどう機能するか、つまりその薬が含有する有効成分によってもたらされる、製品そのものの利得が主な関心事となります。しかしその製薬会社から薬を仕入れて販売する薬局からしてみれば、最終的に自身がその薬を服用するわけではないので、恐らく薬自体の核となる利得にはそれほど大きな関心がないかもしれません。薬局にとっては例えば頭痛薬を探す患者、といったような患者数の規模が潜在的な販売量につながるため、何に効く薬かということが主な関心事となるでしょう。それに加えて配送リードタイム、柔軟性、包装形態、製品の入手可能性といった配送に関連する要素が最も重要視されることとなるでしょう。

　このように、たとえ消費者がなぜその企業から製品を購入するか、というところ

に注目したくなる欲求に駆られたとしても、特に直接的な顧客と最終消費者が異なるような場合には、自社に代金を支払ってくれる直接的な顧客への提供価値という視点を決して忘れてはいけないのです。サプライチェーンという観点から見ると、これらはサプライチェーンの異なる要素を必要とする可能性がありますので、この区別は明確に、それでいて両方の視点を含むように考える必要があります。業種、ビジネスモデルやマーケティングの先行研究では、こうした区別は通常、企業消費者間（B2C）取引モデルか、企業間（B2B）取引モデルかで行われることが多いのですが、たとえ法人販売を生業にしているB2B企業であっても、そのチェーンの最終地点には消費者がいるので、ついつい顧客と消費者という概念を混合したくなるときがあるかもしれません。

演習問題　2.2

市場セグメントについて調べてみましょう

探求課題

　1つ前の演習問題で選択した業界と、そこで見つけた企業について、その企業が商品やサービスを提供している異なる市場セグメントに関する情報をより詳しく調べてみましょう。

　ここで見つけた特定企業の各市場セグメントでのビジネスについて、それぞれの顧客セグメントでの提供価値に関する詳しい情報を調べてみましょう。

　本書の業界、競合、そして異なる顧客セグメントへの提供価値という捉え方は、サプライチェーンのあるべき姿を描くための出発点として役に立つことでしょう。

ビジネスをどのように運営するか（how?）：競争優位性

如何に価値を創造するか：バリューチェーン

　顧客が企業の約束する価値に関心を示し購入を決めた時点で、最終的には顧客の期待に沿う、場合によっては期待以上の形で商品を届ける必要があります。約束に基づいて無事商品を届けるために必要となる全てのことを、私は"how?"と呼んでいます。

　もしある企業が競合他社よりも短納期での配送を約束しているなら、その企業は他社よりも速く届けるための方法を効率よく見つける必要があります。もしより高い信頼性（サービスレベルとも言います）を約束しているなら、他社よりも高い信頼性を備える以外の選択肢はありません。また、より低価格を売りにしているのであれば、より安価に提供する必要があります。最高水準を念頭に置くということはとても単純なことです。

　さて、実際にサプライチェーンのパズルが始まると、早速、大変な創造性が必要となります。なぜなら、どのようにして速くするか？信頼性を高めるか？より安くするか？そしてそのすべてをどのようにして日々一貫して実行していくか？ということが具体的な問題として生じてくるからです。ここでもう一度、ポーターに立ち返ってみましょう。彼はかの有名な"Value Chain"（Porter, 1980）を執筆した際に、この"how?"という側面についても既に言及しています。バリューチェーン自体はサプライチェーンよりも広い概念ですが、重複している要素がたくさんあります。まず、ポーターは販売・マーケティングと、製造、ロジスティクスといった製品やサービスの生産と販売に直接的に関わることを主たる活動とした一方で、人的資源管理、研究開発などを支援活動として位置付け分類しました。

　ポーターによると、これらの領域のどこか（組み合わせでも）で他社をしのぐ卓越性を発揮することによって差別化が実現でき、それによって競争優位性を発揮できます。もちろん、磨き上げるべき領域は、その企業戦略に合わせて決められなければいけません。例えば、新たな素材を発明し、新製品を開発することを目的とした基礎研究において世界的なリーダーシップを発揮しようという企業の場合、プロダクト・リーダーシップ戦略が最も関連深いのであって、コストリーダーを目指すことにはあまり意味がない、というようなものです。

　私が前著、"The Perfect Pass"で述べたように、ポーターはまず、戦略的に重要な活動を競合他社よりも安く、より良く行うことの目的について述べています。言い換えると、企業の競争力を向上させるためには、戦略的に重要な活動のどれか、あるいは複数を差別化しなければならないということです。競争力は企業の実行能力と関係しています。それは顧客によって受け入れられる何かであり、結果的には企業の利益の源泉となるものであると言えます。ここから、バリューチェーンにおけるそれぞれの活動は競争優位性を獲得するために活用できること、そして、全体像を描いて全ての要因を一望する必要があるということが分かります。

　次に、ポーターは活動がすべて繋がっており単独では存在していないということを強調しています。結局、これらの活動を上手く整合させた者が、最適性においても領域をまたぐ連携の成果においても、良い結果を得られるのです。そしてその成果は高品質と、異なる領域間の優れた連携の組み合わせとして顕在化することとなり、提供する製品やサービスをより安価にし、より良い性能をもたらします。同時に、すべてが相互に関連し合った領域の中で、ある領域に対して起こす処置や取り組みは、他の領域での対応、取り組みと整合性の取れたものでなければなりません(Weenk, 2013a)。本章の後半でビジネスモデルに関する統合的な見方について述べるときに、もう一度ここで述べたポーターの考え方に戻ることにしましょう。

優れたパフォーマンスの鍵となるもの：競争優位性

　競争優位性の鍵は、その企業が、他社よりもより良く、迅速、安い、あるいはそうあるべき領域を特定し、その理由も理解しているということです。プロセスがより適切に構築されているからでしょうか？最先端の技術や特許のおかげでしょうか？それともどこか特定の、あるいは複数の主たる活動や支援活動で働く人材の質が良いからでしょうか？またはやる気に満ちた人材のおかげでしょうか？この差別化要因の組み合わせのことを「競争優位性」と呼びます。競争優位性とは、なぜその企業が業界内の他の企業よりも、願わくば長期間に渡って持続的に強さを発揮できるのかということを説明付けるものです。企業が競争優位性の高い要素を多く有していればいるほど、競合他社にとっては模倣したり追いついたりするのが難しくなり、将来に渡って継続的に優位性を発揮しやすくなります。

　前述でロジスティクスに欠かせないもの（物理的インフラ、計画と管理、情報お

よび関連する情報システム、組織体制）として要素をサプライチェーンに組み上げていくことについて述べました。その際挙げた全ての要素は、そのまま企業にとって競争優位性を獲得するための潜在的な可能性を持った要素となるでしょう。例えば、アマゾン社は各地に多くの倉庫設備を持ち、それらの大部分に最先端のロボティクス技術を導入することによって、同日配送サービスを提供することができています。同社は広範囲に渡って最新の情報システムを開発するだけでなく、膨大な数のサプライヤーを管理するための業務と契約に莫大な投資をしているため、製品の入手可能性や配送状況に関して信頼性の高い情報を提供することができます。このような（恐らくそれ以上の）サプライチェーンの構成要素を総合的に考えると、アマゾン社が少なくとも短中期的には他社に真似のできない総合的な優位性を生み出していることがわかるでしょう。

演習問題　2.3

競争優位性について調べてみましょう

探求課題

　もう一度、前の演習問題で選択した業界と、そこで見つけた企業に戻ります。より詳しい情報を調べてみましょう。例えば企業の年次報告書にある競争優位性に関する要因です。競合企業よりも優れていて、速くて、安い要因には何があるのでしょうか？

　そして、なぜ優れていて、速くて、安いのでしょうか。その秘訣は？

　それぞれの競争優位性はどの程度持続可能でしょうか？競合や新規参入者にとってそれを模倣することはどれくらい容易、または困難でしょうか？

サプライチェーンと企業財務：How much?

　経営を維持し続けるためには、すべてのビジネスは利益を上げる必要があり、そのため少なくとも長期的には、稼ぎ出す金額に比べて費やす金額が少なくなければいけません。同時に、利益と、それを得るための投資との健全なバランスが求められます。この財務的な領域を本書では事業の "how much?" と呼びます。ここで

はサプライチェーン領域が企業の利益、損失と投資に及ぼす影響について見ていきましょう。全ての主要なサプライチェーンのテキストにはサプライチェーンと財務に関する記述がありますが、クリストファー（Christopher, 2016）とラシュトンら（Rashton *et al.*, 2017）はその名著の中で実に1つの章をまるごとこの話題に割いています。ここでは、これらの一部分について紹介します。また、同じことは前述したデスメット（DeSmet, 2018）にも言え、彼の最新の著書は1冊を通してサプライチェーン戦略と財務指標との関係性について述べています。

収入と支出：損益計算書

　企業の年次報告書における財務諸表の内、最初に重要なものとして挙げられるのは損益計算書（P／Lとも呼ばれます）といえるでしょう。損益計算書はその企業がどれだけの利益あるいは損失を出したか、そしてその詳細な内訳はどうなっているかということを、企業の売上高から始めて、そこからかかった費用を差し引いていくことによって表します（図2.2）。

　図2.2を見て分かるとおり、サプライチェーンと損益計算書との間には多くの直接的な関連性があります。まず、配送サービス、迅速性や柔軟性といった優れたサプライチェーンの特性は継続的な収入に直結します。あるいは、他社よりも優れたパフォーマンスを発揮できる場合には、より多くの収入を得ることができるでしょう。さらに、サプライチェーンと費用の間にも明白な関連性を見て取れます。図2.2の損益計算書の中では、売上原価と表現されているものです。売上原価と

図2.2　損益計算書（P／L）上の勘定科目

	収益
-/-	売上原価（COGS）
	売上総利益（粗利）
-/-	営業費用
	販売費
	研究開発費
	一般管理費
+/-	その他の営業収益／経費
	利払前・税引前利益（EBIT）
-/-	利息および諸税
	当期利益

は例えば、原材料費、調達物流費、工場や倉庫の光熱費、労務費などがあります。これに加えて、顧客への輸配送費もかかりますが、これは一般的に販売費として計上されます。

　損益計算書を見ることで最上段（トップライン）にある売上高と最下段（ボトムライン）にある利益を概ね明確に捉えることができます。ここから、売上の成長を狙った市場戦略は必ずしも利益向上の市場戦略とは一致しないということも推測できるでしょう。

演習問題　2.4

売上高と純利益について調べてみましょう

　探求課題

　戦略的に言うと、どのような場合に企業が売上の成長に焦点を当てると思いますか？そして、利益の改善に焦点を当てるのはどのような場合でしょうか？

　売上を成長させるために適した経営行動はどのようなものでしょうか？また、利益改善に関してはどうでしょうか？

　売上成長と利益改善という2つの戦略の違いや共通点は何でしょうか？

　ここまでは収入と支出について見てきました。次はそれに必要となる投資について見ていきましょう。

所有と借入：貸借対照表

　続いて重要な財務諸表として貸借対照表（バランスシート、B／Sとも呼ばれます）があります。これは企業の資産、負債と資本を報告するものです。言い換えると、企業が自社で保有している資源だけでなく、外部から借入れている金額についても示すということです（**図2.3**）。

　貸借対照表はサプライチェーンに関連する項目以外にも多くの項目を含んでいますが、サプライチェーンの視点からは主に、資産の部のたな卸資産（在庫）、売掛金、有形固定資産（土地・建物、工場、および装置など）、負債の部の買掛金が該当します。また、サプライチェーンに関連するものとして、輸配送、配送信頼性、

図2.3　貸借対照表上の勘定科目（財務的な位置づけ）

流動資産	流動負債
現金および預金	買掛金
売掛金	支払手形
たな卸資産（在庫）	未払費用
その他	繰延収益
流動資産合計	流動負債合計
土地・建物、工場、および装置	非流動資産
土地	長期引当金
建物および付属設備	長期負債
装置	
減価償却累計	資本
その他の資産	資本金
無形資産	資本準備金およびその他資本剰余金
無形資産減価償却累計	利益剰余金
非流動資産合計	非流動負債および資本合計
資産合計	負債および株主資本合計

さらには請求書の正確性も考慮すると、現金が加わる可能性もあります。売掛金、買掛金は支払い期間、発注単位などから直接的な影響を受ける項目です。在庫は比較的分かりやすいでしょう。さらに、これは売掛金、買掛金と合わせて企業の運転資本を構成します（運転資本については次節を参照してください）。土地・建物、工場、および装置はサプライチェーンのインフラ、製造やロジスティクスに関わる技術、設備という意味で直接的に関係します。

注目の話題：運転資本とサプライチェーンファイナンス

　ここ数年の運転資本に関する注目度の高まりには目を見張るものがあります。そこから、おおよそまったく新しい分野としてサプライチェーンファイナンスという分野が誕生することとなり、国際的なサプライチェーンファイナンス・コミュニティによる初めての国際会議が開かれたのは2013年のことでした。この話題をこれ以上掘り下げることは本書の目的から外れますので、ここでは何故この分野への注目がこれほどまでに高まっているのかということについて述べるに留めます。

　企業の正味運転資本は以下のように定義されます。

　正味運転資本＝たな卸資産（在庫）＋売掛金―買掛金

金額的な視点よりも日数的な視点で表現する際には、キャッシュコンバージョンサイクル（CCC）で表現します。

CCC ＝在庫日数＋売掛日数－買掛日数

売掛日数は売上債権回転日数、買掛日数は買入債権回転日数とも呼ばれます。

定義式からも推測できるように、サプライチェーンの設計・運営方法、在庫の活用、リードタイムの長短、配送信頼性の向上、支払い期限の長短、インコタームズ®（貿易条件）の違いといったものが運転資本の増減を生み出します。

例えば、もし仮に社内で多くの完成品在庫を保有していたとします。まずサプライヤーから部品を購入し、製品を製造する費用がかかるため、この製品在庫を積むための費用は既に支払われた後です。しかし、その製品在庫はこの後販売されるために社内で待機中ですので、まだ一切の報酬を受け取れていません。ですから私はこうした在庫のことを別名、「凍結資産」と呼んでいます。つまり、資金が投下されたにも関わらず、その投下された資金は既に使用済みで利用できない、ということです。そもそも、その投下された資金はどこから来たのでしょうか。例えば銀行からのローンや後払いが考えられます。すると、銀行には利息だけでなく契約のための手数料も支払わなければいけません。

これがサプライチェーン分野に近年、財務人材が登用されるようになっている理由です。財務領域でなされる多くの意思決定がサプライチェーン運営に直接的な影響を及ぼすからです。

主要なスーパーマーケットチェーンの例を取り上げてみましょう。人々がその店舗で商品を購入する際には、大抵はその場で代金を支払いますので、スーパーマーケットの売掛日数は非常に小さいか、もしくはゼロということになります。そうしたスーパーマーケットチェーンでは通常、棚あたりの売上高を最大化するなど商品ポートフォリオを最適化するような努力をしています。こうした努力は商品の回転率を向上させ、結果として全体の在庫日数を少なくすることにつながります。さらに、サプライヤーへの支払いは90日、120日といった比較的長い期間でなされるため、自然と買掛日数は長くなります。このように、スーパーマーケットチェーンの運転資本あるいはキャッシュコンバージョンサイクルの値は非常に小さくなり、チェーンによってはマイナス値のことさえあります。つまり、比較的少ない在庫＋

図2.4　サプライチェーンの財務手段

出典：デボアら（2015）

比較的小さな売掛日数−比較的大きな買掛日数＝比較的小さな正味運転資本、となり資金調達に必要な費用を押さえることができます。

　図2.4のフレームワークはサプライチェーンファイナンスの最新の解釈を示しています（de Bore *et al.*, 2015）。近年では運転資本に関する実行レベルの要因が注目されているだけでなく、戦術・戦略レベルの要因への注目度も年々増しています。

統合された財務的視点：ROI

　損益計算書と貸借対照表とをつなぐものとして企業全般で広く用いられているだけでなく、サプライチェーン領域では特によく用いられる総合的な指標として、**投資利益率**（Return on Investment, 以下、ROI）があります。実際には、ROIにはいくつかの異なる定義が存在しますが、本書の目的に照らして、ここではサプライチェーンにおける意思決定が財務的にどのような影響を及ぼすかという関係を分かりやすく示したものを使うことにします。**図2.5**に示される要素は企業の年次報告書の内、損益計算書（収入と支出，P／L）と貸借対照表（所有と借入，B／S）の項目です。さらに、この図はサプライチェーンがこうした項目とどういう影響を及ぼし合っているかということを示しています。

　また、ROIの指標としての興味深い性質は、これが業界や戦略を越えて適用できるということです。デスメット（DeSmet, 2018）は、この点を強調しています。DeSmet（2018）では実際にはROIと同様に用いられる使用資本利益率

図2.5　サプライチェーンと ROI

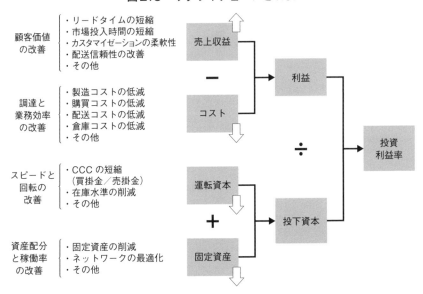

顧客価値
の改善
・リードタイムの短縮
・市場投入時間の短縮
・カスタマイゼーションの柔軟性
・配送信頼性の改善
・その他

調達と
業務効率
の改善
・製造コストの低減
・購買コストの低減
・配送コストの低減
・倉庫コストの低減
・その他

スピードと
回転の
改善
・CCC の短縮
　（買掛金／売掛金）
・在庫水準の削減
・その他

資産配分
と稼働率
の改善
・固定資産の削減
・ネットワークの最適化
・その他

売上収益　－　コスト　→　利益

運転資本　＋　固定資産　→　投下資本

利益　÷　投下資本　→　投資利益率

出典：ラシュトンら（2017）およびクリストファー（2016）より

(Return on Capital Employed, ROCE) にも言及し、異なる戦略をとる企業は得てしてまったく異なる実行方法をとることがあるけれども、こうした違いは最終的な ROI や ROCE には影響を及ぼさないと強調しています。言い換えると、戦略的な選択が整合的に組み立てられていることが重要で、成功への道筋自体は複数存在するということです。

　ROI の概念は企業やサプライチェーンとの関連性が深く、比較的シンプルであることから、第2部で扱うビジネスシミュレーションゲームのフレッシュコネクションでは ROI を最も重要な KPI として用いています。

演習問題 2.5

年次報告書と財務的な KPI について調べてみましょう

探求課題

　様々な企業の年次報告書をオンラインで検索してみましょう。同じ業界から複数の企業の年次報告書を見てみるだけでなく、異なる業界を横断的に調べてみると面白いでしょう。損益計算書と貸借対照表を分析して、数値や比率について企業間、業界間で見比べてみましょう。

　例えば、特に以下の項目について比較してみましょう。

- ●総収入に対する商品販売費用の比率
- ●在庫日数や売上に対する在庫量の比率
- ●キャッシュコンバージョンサイクル（CCC）
- ●有形固定資産比率（収入／有形固定資産）
- ● ROI や ROCE

　異なる企業間でのこうした数値や比率の共通点、差異についてもっともらしい理由を考えてみましょう。この演習問題によって、それぞれのビジネスの構造をより理解できるようになるでしょう。

演習問題 2.6

サプライチェーンが及ぼす財務的な影響について調べてみましょう

探求課題

　サプライチェーンが企業財務に与える影響について、1つ前の演習問題で分析した財務的な指標から何が分かりますか？

持続可能なビジネスの一環としてのサプライチェーン

企業の内部がどのように見えるかを外部から見たときの視点―アウトサイドイン：ビジネスモデルの構成要素の"what?"と"how"を合わせて

　"what?"と"how?"だけでなく、"how much?"についても、これら異なる

視点の根底にある関係性ができるだけ明確になるよう、1つにまとめてみましょう。私は前著で、いくつかの象徴的な問いを挙げています（Weenk, 2013a）。

顧客との約束は何ですか（what?）。日々の業務で定常的にその約束を果たすための特に優れた取り組みは何ですか（how?）。その組み合わせは何故優れているのでしょうか、別の言い方をすると、どこが競合他社と異なっていたり、競合他社より優れていたりして、利益を創出しているのでしょうか（how much?）

これ以降私は、オスターワルダー＆ピニュールによって提案されたビジネスモデルキャンバス（Osterwalder and Pigneur, 2010）というフレームワークを用いたビジネスモデルの構築についてずっと考えて来ました。オスターワルダー＆ピニュールは、ビジネスモデルとは組織が顧客に対して提供する価値を説明すると同時に、その価値を創造し、販売し、顧客に届けるために必要とされる能力とパートナー、関係資本と生み出したい利益、持続可能な収入源を描き出すものである、と述べています。実際、ここで述べたビジネスモデルの概念とそれに対応するビジネスモデルキャンバスに沿ってビジネスモデルを描き出すことができます。

オスターワルダー＆ピニュールは**図2.6**に示す、9つの異なる領域が全体として1つのビジネスモデルを描き出す様式のキャンバスを提案しました。

彼らはキャンバスを「フロントステージ」（キャンバスの右側、"what?"に関連する領域）と呼ばれる部分と、「バックステージ」（キャンバスの左側、"how?"に関連する領域）と呼ばれる部分に分けています（**図2.7**）。

ビジネスモデルキャンバスは第1章の**図1.2**で紹介した統合ロジスティクスコンセプトととても相性が良いことに気づくでしょう。各項目の詳細については第3章でも説明します。企業戦略、市場と提供価値に関する部分はキャンバスの"what?"に、物理的インフラ、計画と管理、情報および関連する情報システム、組織体制に関する部分は"how?"に位置していると捉えることができます。

ビジネスモデルキャンバスには以下のように様々な面で魅力があり、サプライチェーンの視点から見ても非常に優れた分析ツールだと考えています。

●"what?"と"how?"の接続を1つのキャンバスで分かりやすく図示する。

●他部署と共にキャンバスを共同開発することによって議論が促進され、「合意形成された」1つのビジネスモデルを創り上げる。

図2.6　ビジネスモデルキャンバス

ビジネスモデルキャンバス		目的：	作成者：	作成日：	版：

重要パートナー 🔗	主要な活動 ✅	価値提供 💼	顧客との関係性 ❤️	顧客セグメント 🎯
	重要な資源 🚜		販路 🚚	

コスト構造 🏷️	収益の流れ 🪙

出典：オスターワルダー＆ピニュール（2010）、www.strategyzer.com、CCBY-SA（※）
※注：作品を複製、頒布、展示、実演を行うにあたり、著作権者の表示を要求し、作品を改変・変形・加工してできた作品についても、元になった作品と同じライセンスを継承させた上で頒布を認める

図2.7　ビジネスモデルの What? How? How much?

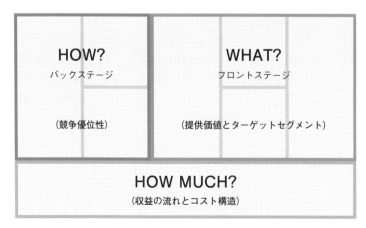

出典：オスターワルダー＆ピニュール（2010）より

●キャンバスを用いることによって、全ての"what?"について"how?"がしっかり対応しているかということを確認でき、そのビジネスモデルの強靭性と全体整合性を見極められる。同時に、そのビジネスモデルに関連して、曖昧な要素への疑問が湧き、関係者間で議論することができる（つまり、**知らないということを知ることができる**）。

●サプライチェーン領域で働く人々がより広い視野で物事を考える機会を得る。それによって例えば、企業活動という戦略的な文脈の中での自身の役割や仕事の目的といったことを認識する。

●上記に加えて、空欄に何らかを埋めなければならない状況というのは、それがあたかもチェックシートのような働きをするため、議論を効率的に進めるための非常に優れた道具としての性質を持つ。私の経験から言うと、その結果、会話の要点が整理され、疑問に対する答えを探すためにより多くの時間を費やせるようになる。

演習問題 2.7

ビジネスモデルについて調べてみましょう

探求課題

　これまでの演習問題で取り上げた企業から1社か2社を選び、ビジネスモデルキャンバスを使ってビジネスモデルの全体像を描画してみましょう。

企業の外の世界を内側から見るときの視点―インサイドアウト：外部環境

　現在ビジネスを展開している特定の市場や業界から離れて考えてみると、全てのビジネスは大きな社会の一部分であり、そこで起きる多くの事柄が短期的にも長期的にもあらゆる企業活動に様々な影響を及ぼします。そしてサプライチェーンもその例外ではありません。外部環境を見るために最も広く用いられているフレームワークの1つがPESTEL分析です。この分析によって、企業が将来得られるかもしれない機会と、直面するかもしれない脅威について認識できます。経営学でよくあるように、PESTELは以下で説明する6つの要素の頭文字をとったものです。以下では各要素についてサプライチェーンに関連する一般的な例を挙げて説明し

ます。

- ● **P = Political**（政治的要因）　貿易の禁止、国家間の緊張関係、輸出入割当など
- ● **E = Economic**（経済的要因）　景気の良し悪し、国家や地域の経済成長、景気の良し悪しに大きく影響される循環型産業など
- ● **S = Societal／Sociological**（社会的要因）　個人主義の高まり、年配世代と比べた X 世代やミレニアル世代の嗜好の変化。加えて環境問題や途上国の人権問題への関心の高まりなど
- ● **T = Technological**（技術的要因）　インダストリー4.0の幅広い傾向、新技術の登場、これまで別々に存在していた技術間の垣根がなくなっていることなど
- ● **E = Ecological**（環境的要因）　地球温暖化、気候変動、資源の枯渇、海洋プラスチック問題、再利用など
- ● **L = Legal**（法的要因）　廃棄、汚染、製品ライフサイクルへの責任、製品登録への要件のように厳しさを増す法規制など

　これら全ての要素について、企業は戦略レベルで最新の動向を把握し、自社がそれらに対してどのような方向性で進むのかを考え、決定しなければなりません。既に述べたとおり、この決定は多くの場合、最終的には製品、サービス、市場のみならず、自社のサプライチェーンで何が可能か、あるいはこれ以上何も手が打てないかなど、サプライチェーンに多かれ少なかれ影響を及ぼします。この後トリプルボトムライン、リスクとレジリエンスについて説明しますので、ここで述べた内容がより鮮明になるでしょう。

トリプルボトムライン：サプライチェーンの責任は？

　外部環境における様々な要因との関連性がありますが、PESTEL 分析を通じて分かるように、ここ10年ほどの間に企業の社会的責任（CSR）への関心が高まっています。企業は自社の利益最大化だけでなく、同時に責任ある市民として振る舞うべきである、というのが CSR の主なメッセージです。

　ジョン・エルキントン（John Elkington, 1997）はこの文脈でトリプルボトムラインについて最初に語った人物だと言われています。トリプルボトムラインはしばしば、TBL、あるいは3BL と呼ばれることもあります。最初のボトムラインは前

に述べた損益計算書の最下段に示される利益を表す財務のボトムラインですが、エルキントンはこれを社会的ボトムラインと環境ボトムラインで補完することを提案しました。これが「人（People）、地球（Planet）、利益（Profit）」の3Psへとつながります。サプライチェーンと財務との関係性については既に触れましたが、サプライチェーンは人という側面（自社の従業員、取引先の従業員、フェアトレード、地域社会、より大きな視野での社会の人々など）とも、地球という側面（自然資源の使用、土地の利用、エネルギー消費、廃棄、汚染など）とも潜在的に深いつながりを持っていることが容易に理解できるでしょう。

　もう一歩先へ進んで、同様の文脈で近年より注目されているのは、ケイト・ラワースが彼女の最新の著書"Doughnut Economics"（Kate Raworth, 2017）で提案した内容です。彼女は数年間国際連合で勤務した後、転身しました。「私は長い間温め続けてきた強い思いを実現するために国連を辞し、それから10年間、オックスファム（Oxfam, イギリス）で働きました。そこでバングラデシュからバーミンガムにかけて、グローバルなサプライチェーンの末端で働く女性たちの日々の生活もおぼつかない状況を目にすることになりました。」この経験から彼女は経済活動に関する新たな展望を持ったと言います。その展望とは財務的な利益を起点に考えるのではなく、起点に人を据えて考えるというものです。彼女は、人々の福祉向上のために経済がどのように寄与できるだろうか？と自問自答しました。2013年にバングラデシュで起きたラナプラザビルの崩壊を受けて2017年に出された報告書では、流行の商品を低価格で大量生産し販売するアパレルメーカーであるイギリス企業が、その工場従業員に対して、法で定められた最低賃金の半分しか給料を支払っていなかったことが報告されています。このことは、その企業のサプライチェーンが全体として実際には好ましくなく、低コストの追求が負の効果を及ぼす重要な要因となっていることを示唆しているのではないでしょうか。

　サプライチェーンの観点から見ると、調達とオフショア[2]という考え方の他に、資源の再利用、再生産といった循環の概念に注目しているところがラワースの独創的な点です。こうした考え方は代替原料から返送への流れ、製造活動の変化に至るまでサプライチェーンに永続的な影響を及ぼすことが明らかでしょう（**図2.8**）。

---

(2) 比較的労働力の安い海外に仕事を委託すること

実際、「**循環経済**」またはそれに関連して「**Cradle to Cradle**®（完全循環型、C2C）」という考え方はサプライチェーンのコミュニティの中で近年大きな注目を集めています。**図2.8**はエレン・マッカーサー財団の提唱する循環経済モデルです。このモデルにはブラウンガルト＆マクダナー（Braungart and McDonough, 2002）で提案された多くの関連概念が含まれています。

　キャサリン・ウィートマンもまたビジネスとサプライチェーンのための循環経済について書いた自身の著書の中でこうした概念を構築しています。ウィートマンは真の意味での循環型を促進するためには、製品は設計段階から返送、再利用、再生産を考慮したものにすべきであると主張しており、それには例えば**"D4D-Design for Disassembly（分解のための製品設計）"**のような考え方が必要だと述べていま

図2.8　循環経済のイメージ図

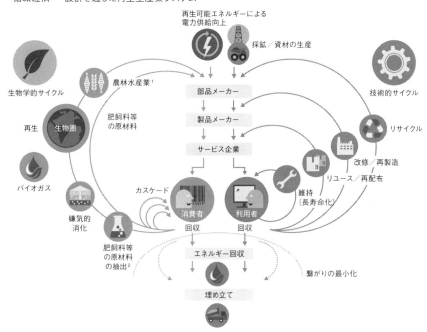

循環経済 — 設計を通じた再生型産業システム

1．狩猟と漁ろう
2．収穫後と消費済の廃棄物の両方を投入として利用
出典：エレン・マッカーサー財団（www.ellenmacarthurfoundation.org）より。Cradle to Cradle®（完全循環型、C2C）デザイン基準から編集（ブラウンガルト＆マクダナー，2002）

す。話題の重要性から、ウィートマンは著書の1章をまるまる「設計とサプライチェーン」に費やし、これがそれ以降に出版された自身の著書で取り上げられる多くの事例の基礎となっています。「**設計とサプライチェーンは循環経済の基本であり**、事業戦略と将来の成功に重要な意味を持っている。それは実行に関わる費用を下げ、資源リスクに余地を持たせ（費用と供給安定性）、より安全に製造し、より人体に優しい製品を世に送り出し、生態系の再構築に貢献し、顧客にとって望ましく、良く設計され、耐久性に優れた製品を作ることができるようにする。」(Weetman, 2017) スミチ・レビの開発チェーンとサプライチェーンとのつながりは、循環経済という視点で一歩先に進めると、ウィートマンと完全に整合していることが分かります。

うまくいかない事態に備えて：リスクとレジリエンス

　PESTEL分析を徹底的に行うことによって、世界はますます複雑になり、その複雑化が自社のサプライチェーンに影響を及ぼすことは疑いようもないということが分かるでしょう。これはサプライチェーンのリスク管理に関する幅広い議論を呼び起こし、**企業のレジリエンス**という観点からも注目を集めています。その中でも特出すべきはシェフィによる研究です。

　リスク管理の第一歩はリスクを認知することです。シェフィはゼネラルモーターズ社のデブラ・エルキンスによって開発された、リスクを以下の4つに区分して考えるフレームワークを参照しています。

- ●**財務的な脆弱性**　債務や信用格付け、医療や年金制度への備えといった内部的な方針から、金利や通貨の変動、景気後退などのよりマクロ経済的な要因まで、多岐にわたる脆弱性。
- ●**戦略的な脆弱性**　倫理違反や予算超過、非効率的な計画といった内部的な視点から、自社ブランドへの攻撃や新たな競合の登場、合併・買収といった外部的な視点まで多岐にわたる脆弱性。
- ●**実行に関わる脆弱性**　万引きや嫌がらせ、差別、工場設備や従業員に関する脆弱性といった内部的なリスクから、納入業者あるいは取引先の倒産といった外部的な要因まで多岐にわたる脆弱性。

●**危険への脆弱性**　偶然か悪意かに依らず資産への被害、土壌あるいは水質汚染、テロリズム、地震、昆虫が媒介する伝染病、洪水など気候や自然に由来するリスクといった脆弱性。

これらは「脆弱性の同心円マップ」にまとめて記述することができます。このマップでは、企業の外部に由来するリスクが円の外側に、企業の内部に由来するリスクが円の内側に描かれる仕組みになっています（**図2.9**）。

リスクを認知したら、それを分類し優先順位を決める必要があります。一般的に、リスクの発生確率とその影響についてはリスク分類と同時に分析します。発生確率が高く、発生時の影響が大きいリスクには、発生確率が低く、影響度も小さいリスクよりも優先順位を高めて、対応策や軽減策をしっかりと考えておく必要があります。シェフィはより進んだリスク管理の実践を基に「検知性」という面についても述べています。

　いくつかのタイプの混乱には事前に予測できたり検知できたりするものもありますが、まったく前ぶれなく訪れるものもあります。検知性は混乱の分類に時間

図2.9　リスクマネジメントの側面：脆弱性の同心円マップ

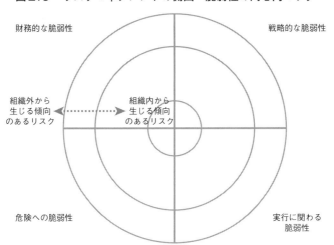

出典：シェフィ（2007）より編集

軸を加えるもので、混乱をきたす事象の発生を知った時からその影響が最初に現れるまでの時間によって定義されます。事象の検知性は正の値（影響が生じる前に検知）、ゼロ（発生後瞬時に影響）、負の値（混乱発生後に検知）という3つに分類されます（Sheffi，2015）。

　リスクは企業経営の一部なので、企業はどこに優先度を置くのかということを選択しなければなりません。

まとめ

　この章の目的はサプライチェーンにおけるビジネスの側面に関連した原理原則、言い換えると、企業のビジネス全体の文脈の中でサプライチェーンが果たす役割、そして財務だけでなく外部環境から受ける潜在的な影響について明確にすることでした（**図2.10**）。次章でも引き続き原理原則を探求する旅を続けます。今度はサプライチェーンのテクニカルな側面へと視点を移し、サプライチェーンが持つテクニカル面の多様な要素の詳細に注目していきます。

図2.10　第2章のふり返り、サプライチェーン（SC）のビジネス面

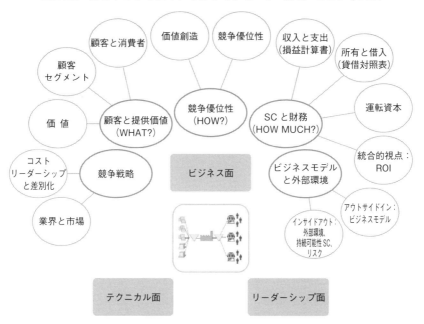

サプライチェーン

第3章

テクニカル面

　前章では、サプライチェーンのビジネス面について考え、企業の方向性の明確化、製品と市場の組み合わせの決定、競合に打ち勝つ方法の定義、といった内容を説明してきました。ここからは、サプライチェーンのテクニカル面に取り組みます。本章では、次のテーマについて、探求していきます。

- ●サプライチェーン戦略の分類
- ●物理的インフラ（プッシュとプル、設備と輸配送、外部委託と協働）
- ●計画と管理（プロセス、予測、在庫、製造）
- ●情報および関連する情報システム、組織体制

企業戦略からサプライチェーン戦略への展開：サプライチェーン戦略の分類

予測可能性（予測が難しいかどうか）と変動性（変わり易いかどうか）に着目したサプライチェーンの設計：効率性か即応性か

　効率重視型サプライチェーン、「リーン」、「低コストサプライチェーン」、「コスト重視型サプライチェーン」という専門用語を聞いたことがあるでしょうか。これらの対義語は、**即応型サプライチェーン**で、「アジャイル」や「柔軟性重視型サプライチェーン」と呼ばれることもあります [3]。「リーン」という用語は、サプライ

---

(3) 効率重視型サプライチェーンは、物理的効率重視型サプライチェーンや効率追求型サプライチェーン、即応型サプライチェーンは、市場対応型サプライチェーンや瞬時対応型サプライチェーンと、それぞれ呼ばれることがあります。

チェーン戦略を分類する文脈におかれた場合と、どのようなサプライチェーン戦略の文脈でも適用可能な継続的に改善を進めるプロセス指向型の方法論としての「リーンマネジメント」方式の文脈におかれた場合とでは、意味合いが完全に同じではありません。

　効率重視型サプライチェーンと即応型サプライチェーンとでは、間違いなく大きな違いがあります。製造が行われる、倉庫に在庫が保管される、トラックが商品を配送する、という点では両者とも同じです。しかし、物理的インフラをどのように構成するか、計画と管理をどのように行うか、システムをどのように使用するか、組織をどのように構成するかという点では、両者はおそらくまったく異なります。

　サプライチェーンを構成する方法は、企業が選択した戦略によって多種多様です。顧客が配送の信頼性を強く望んでいる場合は、いつでも商品を入手できるようにするため在庫を多めに保管したり、受注後素早く製造するため製造スピードが非常に速い機械に投資したりします。一方、顧客が配送の信頼性よりも低コストを望んでいる場合は、上記とは異なり、大規模なバッチ製造を行ったり、価格が安いサプライヤーから大量に購入したりします。

　まずは、企業戦略とサプライチェーン戦略の関連を明確にする必要があります。このテーマを扱った有名で革新的な論文が、フィッシャー（Fisher, 1997）によって発表されています。フィッシャーは、基本的に商品に基づいた見方をしていて、一部の商品は次の三つのいずれかの理由から、予測の難しい需要傾向があると述べています。先ず一つ目の理由は、商品が市場に出回ってから日が浅く、売れ行きがまだ見通せないためです。次に二つ目の理由は、たくさんの異なるオプションを選択することができることから、たくさんの組み合わせが想定されるために、商品の最終形態の種類が多くなるためです。そして三つ目の理由は、小売の販路で頻繁に商品のプロモーションが実施されるためです。フィッシャーは、このような商品を**革新的商品**と名付けました。

　また、他の一部の商品は、市場に出回ってからある程度時間が経過していて、需要の傾向が十分に判っているか、ほとんどオプションを選択することができないか、またはあまりプロモーションが行われないことから、需要が安定していて、予測し易い傾向があります。フィッシャーは、こうした商品を**機能的商品**と名付けました。フィッシャーは、革新的商品と機能的商品とでは、サプライチェーンのアプ

ローチが異なると指摘し、この両極端にあるそれぞれのサプライチェーンを機能的
商品向けの**物理的効率重視型サプライチェーン**、革新的商品向けの**市場即応型サプ
ライチェーン**と名付けました。

世界の変化：サプライチェーンの分類をより精緻に行う必要性

　フィッシャーの論文が掲載されて以降、多くの研究者がサプライチェーンを分類
する考え方を構築してきました。チョプラ＆メインドル（Chopra and Meindl,
2016）は、効率重視型、即応型サプライチェーンに関して、フィッシャーが提案
した概念を使っています。しかし、この本でチョプラらは、リー（Lee, 2002）の
研究も引用しながら、不確実性という言葉が捉える範囲を単純な需要の不確実性や
商品の多様性による不確実性から、機械の故障、サプライヤーの信頼性の欠如、サ
プライヤーの不足、製造の柔軟性の欠如、不慣れな技術の使用などによって引き起
こされる供給の不確実性にまで拡げました。チョプラらは、この不確実性という文
脈で、**図3.1**のように需要と供給の不確実性に対して、戦略的な整合性をどう達
成するかを示しています。

図3.1　需要の不確実性と供給の不確実性に基づくサプライチェーンの分類

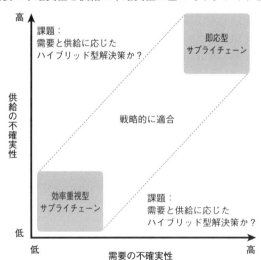

出典：チョプラ＆メインドル（2016）

　クリストファー（Christopher, 2016）は、上記で述べた需要と供給の不確実性の他にも、需要量の規模を考慮すべきであると述べています。図3.2はクリストファーの研究を参考にして一部改変したものです。これはサプライチェーン戦略に関して、効率重視型サプライチェーンと即応型サプライチェーンという観点はそのままに、別の視点からのフレームワークになっていることが分かるでしょう。

　ペレスの著書 "Supply Chain Roadmap：Aligning supply chain with business strategy"（Pérez, 2013）では、フレームワークと主要なサプライチェーン戦略を更に発展させており、別の興味深い点と比較的最近の内容が書かれています。ペレスは事前に定められたテンプレートを活用する段階的アプローチを提案しており、このアプローチにはこれまで説明してきた他のアプローチと類似した要素が数多く含まれています。このアプローチを使うことで、ペレスは、「ビジネスフレームワーク」というものを提案しています。ビジネスフレームワークは、**部品調達の視点**（部品調達の複雑さ、部品調達の経済的な影響）、**技術的な視点**（技術的な要因と製造、組み立ての経済性）、**需要の視点**（顧客の行動と目標とする市場の経済状態）から構成されています。ペレスは、まず次の6つの主要なサプライチェーンモデルを定義しました。6つとは、効率的、迅速、連続補充、アジャイル、リージャイル、柔軟です。彼は、この6つを原型と定義しています。

　ガットルナが使用している用語は、ペレスの原型に似ていますが、追加のバリエーション（協調、リーン、アジャイル、キャンペーン、完全なる柔軟）を考慮している点が異なります。ガットルナは、その著書において、各章で1つずつこれら

図3.2　需要量と需要変動に基づくサプライチェーンの違い

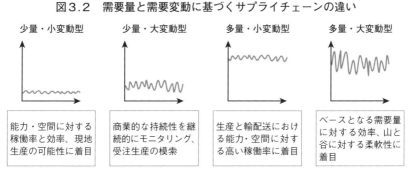

出典：クリストファー（2016）

の分類を詳しく説明しています。サプライチェーンの分類についての一般的な考え方に対して、ガットルナは非常に興味深い点を付け加えました。それは、変動性が増すと将来的にはサプライチェーンの分類が大きく変化し、最終的にはサプライチェーンの領域だけではなく企業全体に影響を与えるということです。彼は自身の新刊である"Dynamic Supply Chains"（Gattorna, 2015）でサプライチェーンは全社的視点から見て不可欠な領域であるという見方を示しています。

　最後に、マルティン・ロファース（Martijn Lofvers）による比較的最新の文献には、第 2 章で簡単に説明した、トレーシー＆ウィアセーマが定義した企業戦略とサプライチェーンの分類を直接的に関連付けた、「戦略コンパス」（**図 3.3**）が示されています。この図には、特定のサプライチェーン戦略に適合している実際の企業名が示されています（ロファースのプライベートなコメントより, 2017）。

　本書の残りの部分では、議論のため、また扱いやすさを優先するため、前述のす

図 3.3　戦略コンパス

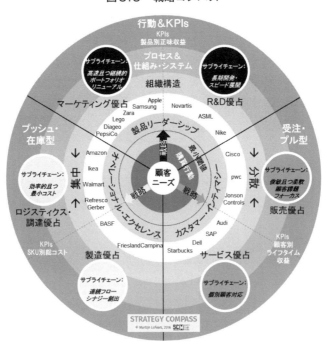

出典：マルティン・ロファースの好意による。©Martijn Lofvers, 2017

べてのアプローチに共通する２つの極端なアプローチ、すなわち**効率重視型サプライチェーン**と**即応型サプライチェーン**を軸に話を進めていくことにします。そして実際、これらは分類全体の枠組みの基礎であり、したがってサプライチェーンを学ぶ学生や実務家にとって知っておくことが非常に重要です。効率重視型サプライチェーンと即応型サプライチェーンの定義に関しては、第２部でもう少し詳しく説明します。

様々な階層での意思決定：戦略、戦術、実行

　サプライチェーンのテクニカルな構成要素をより詳しく説明する前に、これまでに様々な場面で時に明示的に、時に暗黙的に触れてきたテーマに戻りたいと思います。それは、意思決定が様々な階層で行われるということです。様々な階層とは、戦略、戦術、実行の各階層のことです。

　統合ロジスティクスコンセプトの構造に従って説明する本章のテーマと意思決定は、企業が新しいサプライチェーンを定義するプロセス、もしくは既存のサプライチェーンを再定義するプロセスにいる場合、戦略的な性質を強く持つ傾向があります。多くの場合、これらの意思決定は最低でも数年間は持続する新たなソリューションの構築を含みます。

　一度新規の、あるいは再設計したサプライチェーンが稼働し始めると、意思決定の段階はより戦術、実行側に移行していき、それに応じて対象とする期間が短くなります（**図3.4**）。

　第２部で説明するフレッシュコネクションを使ったゲームでは、ゲーム参加者は戦略と戦術の意思決定に集中することになり、参加者が決定した戦術に従って実行結果がシミュレーションされます。

　ここからは、第１章で簡単に紹介したサプライチェーンの構成要素について、より詳細に述べていきます。この後説明する多くの考え方は、比較的標準的なサプライチェーン理論、つまり、「原理原則」と考えられ、これまでに何度も参照してきたサプライチェーンのテキストでも詳細に説明されています（Rushton *et al*, 2017；Christopher, 2016；Chopra and Meindl, 2016；Simchi-Levi *et al*, 2009；Visser and van Goor, 2011；Gattorna, 2015）。

　特別な考え方やフレームワークをテキストから参照する必要がある場合は、その

図3.4　サプライチェーンの意思決定（戦略、戦術、実行）

戦略的意思決定とその例：
市場、セグメント、提供価値、販路、役割・部門
毎の目標値、インフラ（プッシュ／プル、製造、
倉庫業務）…

戦術的意思決定とその例：
在庫水準、製造バッチサイズ、確定期間、サプラ
イヤーとの契約、オペレーションの改善プロジェ
クト、シフト計画…

実行上の意思決定とその例：
日次の生産計画、指図・差立て、オーダーの管理
と輸配送の計画と実行、オペレーション上の人員
の雇用、時間外労働のマネジメント…

都度明示します。

　次の段落では、第1章の**図1.2**で説明した統合ロジスティクスコンセプトの構
造に沿って説明していきます。第2部の応用編では、フレッシュコネクションの
ゲームに関連して、同様の構造とテーマが再び出てきます。

物理的インフラ、ネットワーク：プッシュとプル、設備と輸配送

　企業は、どの顧客セグメントをターゲットとするのかを決定し、特定の商品、成
長戦略、地理的な拡大、商品やサービスのポートフォリオの変更などを含めて、対
応する提供価値が何かを把握できたら、今後は、その計画を推進する物理的インフ
ラを検討する必要があります。最終的な物理的インフラの構成には、相互に関連し
た多くの項目が含まれます。これについては、次の節で説明します。

製品の物理的な特徴と開発チェーン

　サプライチェーンを構築する時は、製品特性を考えることが重要です。例えば、
玩具店において梱包もされずに販売されている小さな子供向けのプラスチック製

サッカーボールのサプライチェーン（原材料の調達、製造、輸配送）は、危険な液体化学製品、自動車のような複雑な技術を要する製品、クレーンのように大きく重量のある製品のサプライチェーンとはまったく異なるということは容易に理解できるでしょう。

　論理的に考えると、アイディアの段階から製造の段階までには、次の3つの段階があります。第1段階は製品の仕様を決める製品設計です。第2段階は設計された製品をどのように製造するかを決めるプロセス設計です。この段階では、どのような製造プロセス（ジョブショップ生産、バッチ生産、連続プロセス生産など）を適用するか決定します。更に、機械の種類や人が行う作業についても決定し、製造プロセスのフローを詳細に設計します。第3段階は実行です。この段階では、製品設計とプロセス設計に基づき、製造と輸配送が行われます。

　これらの段階は、論理的な順序ではありますが、次の段階に移る時に、前段階が厳密に100％完了している必要はありません。「コンカレントエンジニアリング」と呼ばれる概念には、この考え方が用いられています。製品設計を完了する前に、製造プロセス設計を始めることができる、というような考え方です。

　上記で述べた段階の論理に従い、サプライチェーンがどのようにあるべきかを定義する第1の要因は、製品特性です。例えば、次のようなものがあります。

●大きさ／量：大きい・多い／小さい・少ない
●重さ：重い／軽い
●価値：高い／安い
●壊れやすさ・傷みやすさ：簡単に壊れやすかったり傷みやすかったりする状態
●原材料の種類：固体、液体、気体、危険物かどうか
●陳腐化の度合い：例えば、賞味期限や保存可能期間
●複雑さ：原材料・部品の数、「部品表」（Bill of Materials, BOM）
●その他

　上記に関連した具体的な概念に、製品の「価値密度」というものがあります。価値密度とは、1 m³当たりの製品の金銭的な価値のことです（**図3.5**を参照してください）。価値密度は、輸配送、倉庫、在庫管理の方式と密接に関連しています。安価で大きな製品と高価で小さな製品とでは、輸配送の優先順位は異なります。価

図3.5　製品の価値密度とサプライチェーンの優先順位

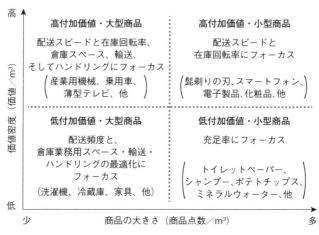

出典：ヴィッセル＆ヴァン・ゴール（2011）

値密度については、第2部でより詳細に説明します。

　上記で述べた製品の特徴は、部品表（BOM）と関連しています。例えば、椅子は、座面と背もたれ、4本の脚で構成されています。更に、座面は、木、革製のクッションなどで構成されています。これについて説明する理由は2点あります。

● BOMは、製品ごとに、組立が必要かどうか、もし組立が必要であるならばどのくらい複雑なのか、どの手順で製品を組み立てるのかを定義します。組立作業、計画的な部品の調達、タイムリーな輸配送計画の基礎でもあります。
● 製品設計とその製品のロジスティクスとの関係への関心が高まっています。製品の構成を簡素化することによって、後に続くサプライチェーンの下流段階におけるカスタマイズの柔軟性を向上させます。こうした考え方は「デザインフォーロジスティクス」という概念で整理されています。

　これまで簡単に述べてきたように、スミチ・レビ（Simchi-Levi *et al.*, 2009；Simchi-Levi, 2010）は新商品の開発チェーンについて、その製品の構成（BOM）を交えて説明しています。1つのトレンドとして、何年か前から、商品のスマートモジュラー設計を推進する動きが高まっています。自動車業界における調達構造（Tier-1のサプライヤーがモジュールを供給し、Tier-2のサプライヤーがTier-1の

サプライヤーにサブモジュールや部品を供給する）は分かりやすい例です。製品の
モジュール化には、下記のようにサプライチェーンの構造化を推進する上で数多く
の利点があります。

●第1に、最終組立時の複雑さが低減します。最終組立時に多数の個々の部品では
　なく、比較的少数のモジュールを組み合わせるだけで良いからです。Tier-1のサ
　プライヤーの上流段階で既に組立が行われているため、組立の複雑性はサプライ
　チェーンの上流側に移動します。
●第2に、部品の数よりもモジュールの数の方が少ないので、部材の調達・計画立
　案を容易にします。つまり、製品のモジュール化によって、計画を行うべき調達
　部品数も、直接管理すべきサプライヤー数も少数化できます。
●第3に、モジュールが巧妙に設計されていれば、比較的少数のサブモジュールか
　らしか作られないとしても、その組み合わせ方によって様々な最終製品を作るこ
　とができます。在庫管理は、完成品単位ではなくモジュール単位で行われるの
　で、リスクが低減します。

　開発チェーンの中でモジュール化とデザインフォーロジスティクスの原理原則を
うまく取り入れている例の1つに、スウェーデンの家具販売企業、イケア社が挙げ
られます。商品開発において、イケア社は、ある家具の部品が他の家具の部品と上
手く組み合わさるかどうかを確かめるようデザイナーに指示していると言われてい
ます。例えば、2種類の座面、3種類の脚、3種類の背面から、18種類の椅子を
作れるようにするということです。
　イケア社では、顧客が自分の家で最終製品を組み立てるというビジネスモデルを
採用していますので、18種類の椅子（最終製品）それぞれの需要を予測するので
はなく、モジュール単位（2＋3＋3＝8モジュール）の需要を予測します。保管
に関しても同様のことが言えます。店舗の倉庫には、18種類の椅子の在庫はなく、
8種類のモジュールの在庫しかありません。このように、イケア社の非常によく考
えられた設計ポリシーでは、製品設計のモジュール化は、カスタマイズのタイミン
グを遅らせると共に、保管スペースを抑えることを可能としています。更に、イケ
ア社のデザイナーは、個々のモジュールや部品の形状をできる限り平らになるよう
に設計することで、梱包の中にできる無駄なスペースを可能な限り減らした状態で

輸配送を行えるようにしています。

演習問題　3.1

開発チェーンとデザインフォーロジスティクスを見つけてみましょう

探求課題

　前章の演習問題で選択した企業で、開発チェーンとデザインフォーロジスティクスの原理原則がどのように機能するのか、例を考えてみましょう。

　デザインフォーロジスティクスと開発チェーンのテーマに関連し、その後，持続可能性と循環経済に拡張された考え方として、第2章で説明したD4Dの概念（分解のための製品設計）があります。企業は、少数の部品やモジュールから様々な製品を作るうまいやり方を見つけるだけではなく、その後の返送、分解、再利用、リサイクルについても考えなければなりません。

プッシュとプル：規模の経済と市場の柔軟性との比較

　製品と製品設計を明確にした後、プッシュとプルの考え方に基づき、次の段階の意思決定を行う必要があります。フークストラ＆ロム（Hoekstra and Romme, 1993）、やラシュトンら（Rushton *et al.*, 2017）などのテキストでは、この意思決定は、**顧客オーダーデカップリングポイント**（CODPs）と表記されています。**オーダーペネトレーションポイント**や**プッシュとプルの境界**という表記もあります。（第1章で述べた、定義を明確にすることの重要性について思い出してください。）

　フークストラ＆ロムが示しているように、実務においては、CODPという用語を使用せずに、しばしばCODPに相当する異なる名称やその頭文字の表現が使用されます。**図3.6**に簡略化して例を示します。

● **CODP1**：店舗向け見込生産（Make to local stock，MTS）
● **CODP2**：物流センター向け見込生産（Make to central stock，MTS）
● **CODP3**：受注生産（Make to order，MTO）

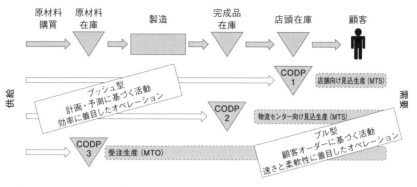

図3.6　顧客オーダーデカップリングポイント（CODP）

出典：フークストラ＆ロム（1993）およびラシュトンら（2017）

　CODP1と2の違いは、スミチ・レビによって説明された「リスクプーリング」の概念の一例となります（Simchi-Levi *et al.*, 2009；Simchi-Levi, 2010）。

　スミチ・レビは、「様々な場所（地域）の需要を集約すれば、需要の変動を抑制できる」と述べています。需要の変動を抑制できると、例えば、安全在庫を削減できます。リスクプーリングの適用は、中央倉庫に集約して在庫を持つことを意味します（CODP2）。

　フークストラ＆ロムは、オランダのハイテク企業であるフィリップス社に勤務していた経験から、その研究で、組立を重視していて、提案された用語にも明らかにそうした背景が反映されています。例えば、**図3.6**では、CODP2と3の間に、「受注組立生産」（Assemble to order, ATO）を位置付けているようなところにもそれが現れています。その後、同様の概念を示すフレームワークが提案されました。例えば、「Make to Forecast（MTF）」や「受注設計生産」（Engineer to order, ETO）といった用語も用いられるようになりました。これらの用語は、後にサプライチェーンを最適化できるかもしれないということで人気を博す、ポストポーメントの考え方を含めて更に発展を遂げました。

　ポストポーメントは受注組立生産（ATO）の一種とされており、製品固有のカスタマイズがチェーンのかなり下流の段階で行われるという特徴があります。通常は、CODP1と2の間です。予測に基づいて製造した部品や半製品（仕掛品）を特定の地域に持ち込み、受注確定後、顧客や国ごとにカスタマイズした完成品に組み

立てるというのが典型的な例です。

　ポストポーメントの概念はとても強力です。例えば、部品の種類が限られている場合でも、部品の組み合わせを変えることによって、様々な種類の完成品を作ることができます。また、部品単位での需要予測は、完成品単位での需要予測よりも容易であるという原理があります（同時に、デザインフォーロジスティクスの原則にも遡って繋がっています）。ただし、これは組立や梱包などカスタマイゼーションの作業に必要な時間が、顧客にとって許容できるリードタイムよりも短いことを前提としています。

　世界中の薬局で販売されている非処方箋医薬品（薬局の店頭で購入できる OTC 医薬品）の例を考えてみましょう。錠剤は、プラスチックの包装（以降、ブリスターパック）で梱包され、現地の言葉で書かれた取扱説明書が添付され、更に現地のブランドや言語が記載された箱によって梱包されています。従来の考え方では、異なる国の薬局に供給する場合、国ごとにその地域の需要を予測し、国別の完成品在庫を保有しておくことになります。しかしながら、薬そのものとブリスターパックは世界共通で、異なっているのは取扱説明書と梱包だけですので、ブリスターパックで錠剤を梱包した状態で在庫を保管しておき、地域別の梱包材と取扱説明書の在庫を別途保管しておくことも可能です。梱包材や取扱説明書は薬と比べると安価であり、またブリスターパックで梱包された錠剤と取扱説明書を梱包する作業も安価に素早く実施できるので、梱包作業は、ある特定地域からの注文がより確実になるか確定するまで遅らせることができるのです。

　物理的インフラに話題を戻すと、CODP の選択という意思決定は統合ロジスティクスコンセプトの基礎となります。統合ロジスティクスコンセプトでは、まず初めに、物理的インフラを決定します。例えば、受注生産の場合、製品が完成した時点で顧客に出荷すれば良いため、中央、地域、地区のそれぞれで完成品在庫を保管する倉庫は不要です。また、CODP の決定は計画と管理の始点を定義することにもなります。なぜなら、中期的な原材料の所要予測は、完成品単位ではなく原材料単位で行われるからです。一般に、実行段階で重視される点は、CODP より上流側の活動については規模と効率で、CODP より下流側の活動についてはスピードと柔軟性です。

　つまり、どのようなサプライチェーンであっても CODP の決定は主要な設計事

項ということになります。

演習問題　3.2

顧客オーダーデカップリングポイント（プッシュ／プル）を見つけてみましょう

探求課題

　「理想的な世界」では、CODP3（受注生産）、CODP4（受注購買と受注生産）が非常に優れた選択肢であると言えるかもしれません。顧客から注文を受けた時だけ生産活動を始めるので、部品が過剰在庫となりお手上げ状態に陥るリスクがなく、完成品在庫もありません。しかし、この理想的なシナリオを行うことは現実的には多くの場合不可能です。企業が、CODP3よりも下流側にCODPを選択する理由には、どのようなものが考えられるでしょうか？考えられる理由を5つ以上見つけてみましょう。

設備：ネットワーク上にある倉庫と製造拠点

　CODPを決定した後、物理的インフラを設計していきます。設備の観点では、工場、倉庫、輸配送拠点（港、空港、クロスドック）について考える必要があります。このような設備の決定では、例えば、次の点を考慮する必要があります。

- ●設備の数
- ●場所
- ●設備の大きさ
- ●取扱量の観点からの実行能力
- ●使用される機械と設備の技術
- ●人材確保の容易さ、労働者が希望する勤務時間数
- ●実行業務を社内で行うか、外部委託するか

　設備から出荷される見込み量の信頼性がどの程度かということを考える時には、その設備が自社所有なのか委託先なのかを考慮する必要はありませんが、技術の成熟度や政治的な状況、ストライキのリスク、労働者の資質などの要素を考慮に入れる必要があります。

　上記要因の多くは、地理的に大きく左右されます。更に法規制、貿易圏、政府の補助金のような地域固有の状況によって影響を受けることもあります。様々なシナリオを比較しながら、選択可能な代替案を多面的に評価し、コスト計算が行われます。定性的な議論も活発に行われ、それらを考慮に入れる傾向があります。

演習問題 **3.3**

生産能力拡大の可能性を考えてみましょう

探求課題

　皆さんが所属する企業が、将来の予測に基づき、生産能力の拡大を検討していることを想像してみてください。生産能力を拡大するために、考えられる選択肢は何でしょうか？

　それぞれの選択肢の利点と欠点は何でしょうか？

　利点と欠点のどちらかを定量化できますか、定量化できませんか？定量化するのに必要な時間はどのくらいでしょうか？入力情報はどこから入手する必要があるでしょうか？

　入力情報には、どのくらいの信頼性があるでしょうか？

　皆さんの最終的な決定は、どうなるでしょうか？

輸配送：ハブ間のスポーク [(4)]

　設備について考えるのと同時に、輸配送上の利用可能な選択肢を調べる必要があります。設備がネットワークの「ハブ」であり、輸配送が「スポーク」であり、これらが直接的に接続されている場合を考えましょう。この場合、輸配送上の利用可能な選択肢が設備選択に影響するかもしれません。逆に、設備の選択が輸配送の選

---

(4) ハブアンドスポークス

　ハブは、中央の拠点を意味し、スポーク（スポークス）は、ハブに繋がる経路を意味します。

択肢に影響するかもしれません。

　能力上限、スピード、安全性、柔軟性、コストの観点で、それぞれの特徴を考慮
に入れた上で、輸送モード（トラック、鉄道、海上輸送、航空輸送）について意思
決定する必要があります。また、輸配送を自社で行うのか、外部委託が望ましいの
か、あるいは外部委託以外に選択の余地がないのか、といったことについて意思決
定する必要があります。設備と同様に、これらの要因は地理的状況に大きく依存す
る傾向があります。なぜなら、交通インフラ、利用可能な代替となる輸送モード、
特定の法規制、輸送業界の特性などが各国によって大きく異なるからです。

演習問題　3.4

地理的な側面から輸配送について考えてみましょう

探求課題

　異なる国、できれば、異なる大陸について、輸配送に関連する項目を分析し
てみましょう。例えば、次のような項目があります。

- ●人口分布の傾向を示す全国の人口密度
- ●利用可能なインフラ（道路、鉄道、川、海）
- ●利用可能な輸送モード（トラック、鉄道、海上輸送、航空輸送）
- ●サービスを提供する業界の成熟度

　上記についての比較から、何が分かるでしょうか？

前方と後方の統合：外部委託と外部協働

　設備と輸配送に関する意思決定を行う際に考慮すべきことの1つに、特定の業務
を外部委託するかどうか、ということがあります。これは、内外製分析として広く
知られています。内外製分析は、製造、保管のみならず輸配送、貨物のフォワー
ディング、流通、ロジスティクスサービスにおいて有効です。

演習問題　**3.5**

外部委託について考えてみましょう

探求課題

外部業者への委託という観点において、利点と欠点をリスト化してみましょう。

●製造
●保管
●輸配送
●貨物のフォワーディング
●流通とロジスティクスサービス

相違点や類似点は何でしょうか？

探求課題では、利点と欠点、特定の商品やサービスに応じた正しい答え、そして外部委託を検討する企業の下、たくさんの論点を見つけたのではないでしょうか。多くの商品やサービスを外部委託するかどうかの意思決定には、極めて戦略的な思考を求められます。特に、外部委託先との密接な関係は長期に渡って継続しますので、外部委託先をどこにするかという決定は長期的に影響が及ぶからです。外部委託が上手くいかなかった場合、元の状態に戻すのは容易なことではありません。したがって、財務的な結果だけではなく、委託先を特定する能力も高める必要があります（工場管理とサプライヤーとの契約や関係の管理とでは、異なる能力が求められます）。

外部委託に関する意思決定を行った後、企業はサプライヤーをどのように管理するかを決める必要があります。部品とサプライヤー市場のすべてを等しい優先順位で扱うことはできません。調達先を管理する際、重要なところに優先的に時間と労力を使いたいと考えるのは当然です。クラルジッチは1983年に書いた古典的な論文の中で、サプライヤーを区分し、これに応じて供給とサプライヤー管理方針を定義するフレームワークを提案しました（Kraljic, 1983）。その後、異なる基準に基づいて当初の概念の様々なバリエーションが提案されましたが、商品ごとに異なる管理方針でサプライヤーを区分して管理する考え方が有用であるという当初の考え

方は今も根強く支持されています。**図3.7**に例を示します。

　この図では、ビジネスにおける原材料の重要性（原材料の費用と総コストの比較、付加価値の側面、収益性の側面など）とサプライヤー市場の複雑性（供給の独占状態、寡占状態、技術が進歩するスピード、参入障壁、ロジスティクスコストと複雑性など）を区分しています。簡単に言うと、特定の部品やサービスがビジネスに及ぼす影響と供給リスクとの関係性です。

　図3.7のフレームワークでは、象限ごとに異なる管理方針を適用することを示しています。例えば、企業の総支出に比べて非常にわずかなコストであり、どこでも購入できる部品の供給（ビジネスへの影響が小さく、供給リスクが低い）では、管理上できるだけ注意を払いたくはありません。その反対の極端な例として、ある特定の部品やサービスに多額の支払いをしており、かつサプライヤーが少数に限られている場合、関係の断絶リスクが非常に高まりますので、特別な方法でサプライヤーとの関係を構築したいと考えます。もう一度繰り返しますが、分類は、重要なところに時間と労力を費やすための優先順位を決めるのに役立ちます。

　高価値、高リスクの象限は、既に説明したビジネスモデルキャンバスの重要パー

図3.7　供給とサプライヤーのポリシーマトリクス

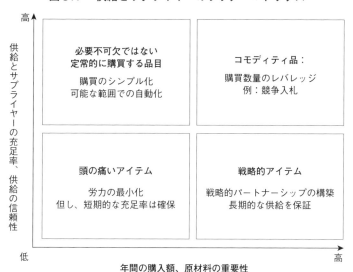

出典：クラルジッチ（1983）およびラシュトンら（2017）

トナーの領域に直結していることに注意してください。

演習問題　3.6

サプライヤーとの戦略的な長期的関係を考えてみましょう

　探求課題

　重要パートナーとの戦略的かつ長期的な関係を構築するために、どのような要素が必要でしょうか？単なる売買を越えて、どのような活動やプロジェクトを提案しますか？

　どのようなコストや利益が予測できますか？

　コストと利益の面で、人的資源の観点から提案された新たな取り組みはどのような意味合いをもつでしょうか？このようなプロジェクトの実行には、どのくらいの時間を要するでしょうか？

ネットワークデザイン：点を繋ぐ

　特定のサプライチェーンにとっての最適なインフラを定義する活動は、通常、**（輸配送、ロジスティクス）ネットワークデザイン**と言われています。最近では、高度なソフトウェアがあるので、様々なネットワーク構造をモデル化できます。例えば、コストと輸配送サービスレベルの観点から、様々なシナリオの影響を分析することができます。パラメーターとして、設備の大きさとコストに加えて、その数と場所、さらに輸送モード、在庫水準、需要量などが考えられます。

　総コストとサービスレベルに関しては、ネットワークの端から端までの全体的な視点を持つことが重要です。これは、ネットワーク研究という観点からサプライチェーンを扱う場合にも、こうした十分広い視野を持って研究を行うことの重要性を意味しています。この文脈では、**総保有コスト**（Total cost of ownership, TCO）、もしくは**トータルサービスコスト**（Total cost to service, TCS）という考え方が使われることがあります。これらの考え方には、輸配送と倉庫（スペース、人）のような実行に関するコストだけではなく、多くの場合、在庫に関連したコスト（融資、保険、警備、陳腐化）、間接費、製造に関連したコスト、サプライヤー側で発生するコスト（原材料費、スペースコスト、輸送費など）のような企業

図3.8　先進的なソフトウェアを用いたシナリオごとのネットワークの最適化

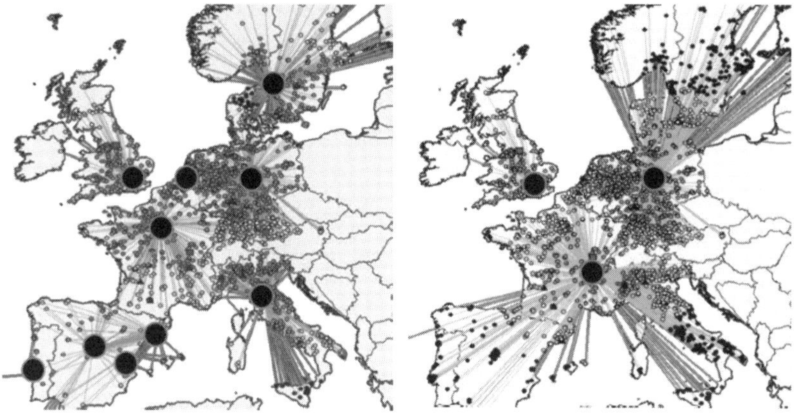

最適化計算前：10倉庫　　　　　　　最適化計算後のシナリオ：3倉庫

出典：先進的なネットワーク最適化ソフトウェアを活用した著者の担当プロジェクト

の境界を越えるコストを含みます。

　このように考慮する範囲を広げるためには更に多くの情報が必要となることは明らかであり、モデル化のスピードが遅くなるかもしれません。しかし、代替案は簡単です。取り扱う範囲にすべての関連するコストが含まれていなかったとしても、関連するリスクを考慮に入れた上で選択をすれば良いのです。範囲についての最終決定は、複雑さ、詳細さのレベル、情報の入手可能性、要求されるリソース、限られた時間などを考慮すると、典型的なトレードオフの関係になります。

　この節の最後に、サプライチェーン戦略の要素と物理的インフラに関連して、複雑性と調整の必要性に対処するための課題を理解しましょう。**図3.9**を使うと戦略やインフラに関する様々な意思決定に、（直接的、間接的に）誰が関わっているのかを可視化することができます。

　図3.9に記入した後、何が分かるでしょうか？相互依存性と連携の複雑性の観点からは何が分かるでしょうか？現実的にはどのような解決策があるでしょうか？ノートにメモしてください。これに関しては、第10章で説明します。

　このようにネットワークの構造が決まると、計画と管理のための適切な設定を決定することができるようになります。

図3.9 戦略とインフラに関する意思決定−部門間マトリクス

	営業	オペレーション	SCM	購買	人事	財務	・・・
サプライチェーン戦略（分類）							
デカップリングポイント（プッシュ／プル）							
設備（倉庫業務／生産）							
調達と外部委託							
輸配送							
ネットワークデザイン							

計画と管理：プロセス、予測、在庫、製造

サプライチェーンプロセスによって事を為す：O2C、P2P、D2S

　サプライチェーンの活動は、様々な段階から成ります。一般的に、これらの段階は、「論理的な」プロセスに区分されます。企業がプロセスをどのように区分し、名称を付けているのかは、その企業に依ります。しかし、主要なプロセスの中には、標準的なプロセス用語体系の一部となっているものもあります。SAP社やオラクル（Oracle）社のような大企業向けのソフトウェアシステムを使って業務を行う企業は、情報システムの分野で名付けられたプロセス用語を採用する傾向があります。

　戦術と実行レベルでの主なサプライチェーンプロセスは、次の通りです。

● **購買（又は調達）から支払いまで（Purchase あるいは Procure-to-Pay、P2P）**
サプライヤーに発注してから、支払いを行うまでの段階

● **注文から現金化まで（Order-to-Cash、O2C）**　顧客からの注文を受領してから、支払いを受け取るまでの段階

● **需要から供給まで（Demand-to-Supply、D2S）**　将来の需要を予測してから、原材料や商品を顧客に出荷する準備が整うまでの段階。Forecast to Fulfil（F2F、

予測から供給まで）や、Forecast to Delivery（F2D、予測から配送まで）と呼ばれることもあります。

ビジネス全体の視点から、販売や調達に関連したプロセスを追加できます。

●**営業プロセス**　顧客と製品やサービスの仕様を合意し、契約に関する交渉を行います。サービスレベルが高い程、顧客が支払う価格は高くなるのが一般的です。営業プロセスの成果は、顧客からの明確な注文ということになります。

●**購買プロセス**　部品とサービスの仕様を規定して適切な仕入先を決め、サプライヤーと契約に関する交渉を行います。サプライヤーに要求するサービスレベルが高い程、支払う価格は高くなるのが一般的です。購買プロセスの結果として、サプライヤーに発注を行います。

　図3.10は、戦術や実行視点での主なサプライチェーンプロセスの俯瞰図です。なお、**図3.10**では、営業プロセスと購買プロセスを付け加えてあります。

　図3.10で示されるように、最初の2つのプロセスであるP2PとO2Cでは、顧客と企業の間、企業とサプライヤーの間における商品、原材料、資金の流れに少し

図3.10　戦術やオペレーションの視点での主なサプライチェーンプロセスの俯瞰図

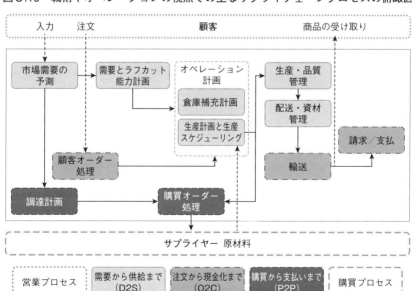

強めに焦点を当てています。一方、3つ目のプロセスであるD2Sでは、製造や原材料と完成品の保管に関する企業内部の活動に焦点を当てています。

需要と供給の不確実性

特定のサプライチェーンの計画と管理について考える時、最初に考慮すべきなのは、需要と供給の不確実性による影響です。ここでは、需要と供給が多少なりとも予測可能である理由を列挙することはしません。読者自身で重要なポイントを考えられるはずですので、演習問題で考えてみましょう。不確実性は、営業プロセス、購買プロセス、D2S、O2C、P2Pの図の中にあるそれぞれの枠（**図3.10**の角丸四角形）から発生する可能性があることに留意してください。

演習問題 **3.7**

需要と供給の不確実性について考えてみましょう

探求課題

需要の予測を困難にする原因は何でしょうか？

更に、供給の予測を困難にする原因は何でしょうか？

これらの問いに対する答えは、予測、在庫、製造バッチサイズから大きな影響を受けます。例えば、需要と供給のどちらかの不確実性が大きい程、コスト効率性の高い方法で需要と供給のバランスを取るという重要な業務が難しくなります。この場合、担当者の更なる努力が必要となったり、人材、プロセス、システムに関するより高度な知識が必要となったりします。

次節では、主要なサプライチェーンのプロセスでポイントとなるたくさんの活動を重点的に説明していきます。

D2Sのポイント1：市場需要の予測

顧客オーダーデカップリングポイントの位置を決めると、部品、中間・半製品、完成品のどの単位で需要を予測すべきかが決まります。予測に関しては、次の点が重要です。

1．最初に理解しておくべきことは、俗に言うように、「予測は常に当たらない」ということです。予測の精度を100％にすることはできません。将来的に人工知能を活用したとしても、予測の精度を100％にすることは、おそらく不可能です。

2．予測を行うために、移動平均法や指数平滑法、回帰分析などの手法が存在します。シルバーら（Silver *et al,* 1998）の本には、様々な手法が書かれており、近頃は、Wikipedia でも多くの情報を見ることができます。最近では、Microsoft Excel のような基本的なソフトウェアであっても様々なツールが実装されていますし、さらに高度な計画・最適化ソフトウェアはより複雑なモデルに対しても適用可能です。しかしながら、多くの手法には、過去に発生したことが将来も繰り返されるという共通した前提があります。過去に発生したことは、通常、将来においても発生するという仮説が置かれているのです。現実には、この仮説が成立することもありますが、成立しないこともあります（序文の「加速する時代」を参照してください）。

3．高度な計画システムに、人の優れた判断能力を加えることがより正確な予測を行う上で重要なポイントとなることは、多くの事例が示しています。

4．企業には、正確な予測を行うことが可能な立場の人々にとって、正確な予測を行うことの優先順位が低い、という予測に関わる重大な課題があります。多くの場合、マーケティング部門と営業部門は、顧客や競合の動向、販促の計画、新商品の導入などに関する知識と数値的な見通しを持っており、正確に予測を行う上でおそらく最も現実的な知見を有しています。ところが多くの場合、マーケティング部門と営業部門には、そうした予測に時間と労力を費やす十分なメリットがありません。現実には失うものの方が多いのです。予測は常に当たらないという1点目のルールが正しいとすると、マーケティング部門と営業部門は、誤った情報を提供した責任を問われるリスクを常に負うことになります。それが魅力的な話でないことは言うまでもありません。

D2S のポイント2：能力計画

　製造環境で特に高額なのは機械設備や工場といった製造能力に関わる投資です。最近、私のクライアントが将来の新技術のみならず新規需要に対応するために、新

たな工場を建設しました。投資額は、7億5千万ユーロです（第2章の企業財務の
節で説明した通り、この投資によって、賃借対照表の有形固定資産が増加します。
有形固定資産を7億5千万ユーロ分増加させた場合のROIへの影響について考え
てみましょう）。いったん投資が実行され製造能力を確保してしまうと、その能力
を上手く活用していく必要があり、それには、能力計画と生産計画とスケジューリ
ングが関わってきます。

　同じ製品を製造できる工場が世界中に複数ある場合、全世界の需要を各工場に割
り当てる必要があります。割り当ての意思決定は一般にラフカット能力計画と呼ば
れる計画に含まれます。この意思決定は製造能力よりも全体の需要が大きい場合に
非常に重要となります。ある製品や部品が製造後に「引き当て済」と表現されるこ
とがよくあります。これは、需要が供給を上回り、異なる市場で工場の製造能力の
パイを奪い合っているかもしれないことを意味します。そうした場合、企業には、
どの市場にどれだけの製造量を割り当てるかを決定するためのルールが求められる
ことになります。

D2S のポイント 3：生産の計画とスケジューリング

　各工場へ需要の割り当てが完了した後、機械ごとに生産計画を立て、生産スケ
ジューリングを行います。ここでの重要なポイントは、定められたスループットの
維持と効率性のバランスをとるために、**製造バッチサイズ**を決定することです。製
造バッチサイズとは、**製造ロットサイズ**とも呼ばれますが、製造量ではなく製造時
間の観点から示す場合は、**製造間隔**（ある製品の製造バッチを何日ごとに実行する
か）とも呼ばれます。製造バッチサイズが大きい程、規模の経済性が得られます。
製造バッチサイズが小さい程、ある商品から別の商品に製造品種を切り替える回数
が多くなります。製造バッチサイズが小さいと、需要の変化に対応できるようにな
りますが、機械を止めたり、清掃したり、再起動したりする頻度が増えるため、製
造効率が悪くなります。**図3.11**の2つの図を比較して、次の観点で違いを評価し
てください。

●バッチサイズを切り替えることによって「失われる」製造能力の回数。これは、
　利用可能な正味製造能力に影響するだけではなく、新しい製造バッチの起動ロス

の回数にも影響します。

●製品がサプライチェーンの次の段階に到着する回数

●製造バッチサイズに依存した在庫量の平均（「サイクル在庫」と呼ばれる）とこれに伴う影響

●製品の平均的な鮮度

●欠品が発生しやすい状況に陥る回数

　図3.11は、何か特定の品目について示したものではありません。容易に想像できると思いますが、この状況は、同じ機械で製造する品目の種類が多いほど複雑になります。一般に大規模生産では、対象品を生産する順序が固定されていて、その順序が、ある品目を次にもう一度生産するまでの経過時間に影響を及ぼします。このコンセプトは、決められた生産のサイクルがホイール（車輪）のようであることから、「プロダクション・ホイール」と呼ばれることがあります。

　生産計画を考えるにあたり、他にも重要な考え方があります。それは、「確定期間」と呼ばれるものです。確定期間とは、先々何が起こっても生産計画とスケジュールを変更しない期間という意味です。例えば、向こう3カ月の生産計画と、翌月の詳細な生産スケジュールを作成するというように考えてみてください。確定期間を翌月と設定とすると、翌月に何が起こっても、詳細な生産スケジュールを変更することはありません。翌月になった後は、次の翌月の詳細な生産スケジュールとその先3カ月の生産計画を更新します（つまり、ローリングするということです）。外部の不確実性（市場の需要）は確定期間によって影響を受けることはもち

図3.11　製造バッチサイズが大きい場合と小さい場合の在庫数量の推移の比較

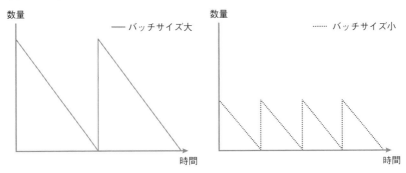

ろんありませんが、確定期間を長くすると生産スケジュールを早期に確定させることになるので、内部の不確実性を減らすことができます。

　確定期間の欠点は、生産スケジュールを迅速に変更して市場の変化に素早く対応する、ということができないことかもしれません。一方、利点は関係者（製造部門のマネージャー、機械のオペレーター、チームリーダー、人事部門のマネージャー、サプライヤー、メンテナンス担当者）が、確定期間中、毎日自分達のすべきことを正確に把握できることです。確定期間によって、準備を周到に行える可能性がありますので、製造を安定させることができます。この結果、サプライチェーンの効率を更に向上できるようになります。

D2S のポイント 4：製造と品質

　生産計画とスケジューリングが調整された後、計画を実行に移します。この段階では、スタッフ不足、機械の故障、残業の必要性、サプライヤーからの供給途絶のような実行上の一時的な中断に対処する必要があります。実行段階では、多くの異なる機能領域が関連してきますが、一時的な中断に対するバッファとして在庫を積むことになります。これについては、次のポイント 5 で述べます。一時的な中断の回数を測定するために使われる重要な指標は、「生産計画順守率」と呼ばれます。「生産計画順守率」という指標では、当初の生産計画に対して実績はどうだったかを測定します。

D2S のポイント 5：在庫管理（倉庫への補充）

　在庫を効率的に管理することは、財務上重要であることを第 2 章の企業財務の節で説明しました。在庫管理には、この後の段落で説明するように、多くの異なる側面があります。**図 3.12** で示しているように、注文の量とタイミングの決定は在庫理論の基礎となります。

　図 3.12 は、在庫管理の主な考え方を示しています。

- ●**在庫水準**　時間経過に伴う在庫量
- ●**発注点**　原材料の発注が必要というアラートが表示される在庫水準（いつ注文するのか？）

図3.12　在庫管理における在庫推移図

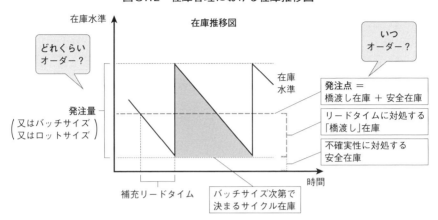

●**発注量**　自社で内製する量、サプライヤーに発注する量（どのくらいの量を発注するのか？）。経済的発注量（Economic order quantity, EOQ）と呼ばれる基本的な理論の考え方では、最適な発注量は、発注費と保管費のトレードオフを考慮して計算する、と述べられています。例えば、1年に1回しか発注しない場合、発注にかける時間も費用も少なくて済みますが、平均在庫量は多くなります。一方、頻繁に少量を発注する場合、平均在庫量は少なくなりますが、発注、確認、支払処理などに要する時間や発注に関わる費用が増加します。特定の発注量に起因した在庫量は、「サイクル在庫」と呼ばれます（D2Sの重要なポイント3を参照のこと）。製造の視点から製造バッチサイズに言及する時には、発注量の考え方が必要となります。

●**補充リードタイム**　在庫を補充するために発注してから、実際に入荷する迄の時間

●**橋渡し在庫**　補充リードタイム期間において平均需要量や商品、部品の消費量を満たすための在庫

●**安全在庫**　補充リードタイム期間における需要と供給の不確実性に対処するための在庫

需要予測と同様に、最適な発注量と安全在庫量を計算するための多くの高度な数理モデルがあります（Silver *et al.*, 1998）。通常、ある1つの数理モデルは特定の要因のみを重視しており、部分的な理解には役立つものの、すべてを考慮した完

全なモデルは（まだ）存在していないように思えます。

　在庫を持つ理由は他にもあります。在庫推移図では、在庫と発注の費用、保管の効率性、需要と供給の不確実性などを主に扱っています。一方、数理モデルではこれら以外にも、製造の効率性や調達戦略なども考慮することができます。製造の効率性や調達戦略に関連して以下2種類の在庫があり、これらは既に述べた橋渡し在庫と安全在庫とは異なる視点での在庫の捉え方です。

●**見越し在庫**　例えば、需要の季節性が強いことによる在庫、また、計画的なメンテナンスや休暇期間中の操業停止に備えた在庫
●**戦略的在庫**　例えば、特定の部品の供給が不足し、原材料価格が上昇する場合に備えた在庫

演習問題 **3.8**

発注量について考えてみましょう

探求課題

　演習問題3.7では、需要と供給の予測が困難な理由について考えてもらいました。これらの理由は、結果として、不確実性に対処するため安全在庫を多く持つことに繋がります。では、最適な発注量についてはどのように考えれば良いのでしょうか。

　EOQに至る考え方については既に説明しましたが、購買の際の発注量や製造量がEOQによる計算値と異なり、短期間の需要に見合った量よりも多いのはなぜでしょうか？例えば、EOQの計算により、サプライヤーから105単位の製品を毎回発注すべきであることが分かったとします。しかし、実際には毎回105単位以上、もしくは105単位以下で発注する理由は何でしょうか？サイクル在庫、見越し在庫、戦略的在庫の考え方を考慮した上で、オンライン上で事例を見つけてみましょう。また、どのような業界でこれら3種類の在庫を見つけることができるでしょうか？その理由はなぜでしょうか？影響はどのくらい大きいでしょうか？（例えば、1年間の販売量に対してピークとなる季節の販売量はどのくらいでしょうか？）もしくは、陳腐化の度合い、製造の変動や部品コストについて考え、オンライン上で事例を見つけてみましょう。どの業

界でこれらの事例を見つけることができるでしょうか？

　図3.12に示されている在庫推移図は、発注点に基づいた定量発注方式の考え方を前提としています。在庫量を表す実線は、在庫水準を常時監視・把握していることを意味しています。定量発注方式では、在庫水準が規定の発注点を下回るとすぐに補充注文が発注されます。もう1つの方式は、定期発注方式です。この方式では、ある決められた間隔ごとに在庫量を確認します。町の商店の店主が土曜日の夕

コラム・経済的発注量（Economic Order Quantity、EOQ）

　経済的発注量とは、在庫を定量で発注する方式を採用している場合に、発注費用と在庫保管費用の総額を最小にする1回あたりの発注量のことです。ここではこの経済的発注量を求める数式を紹介します。

　ある企業が単価 c 円の材料を年間 d 個必要としており、一度発注するごとに K 円の発注費用かかると仮定します。なお材料を使用する量は毎日一定とし、補充リードタイム期間も一定とします。また、在庫を保管するのに在庫金額1円あたり年間 h%がかかると仮定します。在庫を保管するための費用とは、火災保険料や在庫金額に応じた利息などを想像してください。このとき、年間発注費用は $\dfrac{Kd}{q}$、年間在庫保管費用は $\dfrac{1}{2}cqh$ で表されます。

　この2つの和を最小にする q を求めることで、この材料に対する経済的発注量が求められます。

　年間総在庫費用（年間発注費用＋年間在庫保管費用）を $C(q)$ と置くと、これを最小にするために解くべき数式は次式となります。

$$\min_{q \geqq 0} C(q) = \frac{Kd}{q} + \frac{1}{2}cqh$$

　この式を q について解くと、次式が導出されます。この時、q^* がこの材料の経済的発注量となります。

$$q^* = \sqrt{\frac{2Kd}{ch}}$$

方に店を閉めた後、1 週間に 1 度だけ在庫を数え、その後、サプライヤーに注文をするかどうか、注文するならいくつにするかを決めるようなものです。店主は、日中常に在庫量を把握しているわけではありません。在庫量を確認する間隔が長い程、また、需要が多い程、これらの方式による在庫管理上の差異は大きくなります。実務では、次のような在庫補充方式が用いられています。

● **定量発注方式（s、Q）**　在庫量を都度確認します。この時、発注点 s と発注量 Q は一定です。在庫量が発注点 s を下回った時に発注量 Q だけ注文されます。

● **発注点補充点方式（s、S）**　在庫量を都度確認します。発注点 s は一定で、在庫量がこの点を下回った時に補充点 S と現在の在庫量との差分量が発注されます。したがって発注量は上記の Q とは異なり一定とは限りません。その都度必要な量を補充します。

● **定期発注方式（R、S）**　在庫量を定期的に確認します。R は在庫量を確認する間隔を表しており、どのくらい頻繁に在庫量を確認するかを意味しています（例えば、毎週月曜日に在庫量を確認する）。S は補充点を表しています。つまり、定期的に在庫量を確認し、その都度、補充点 S と現在の有効在庫との差分量が発注されます。

● **定期発注点補充点方式（R、s、S）**　在庫量を定期的に確認します。R は在庫量を確認する間隔を表しており、どのくらい頻繁に在庫量を確認するかを意味しています。s は発注点を意味しており、在庫水準がこの点を下回った時に、補充点 S と現在の有効在庫量との差分量が発注されます。

　第 8 章では、フレッシュコネクションが原材料と完成品の在庫を管理するためにどのような在庫補充方式を適用しているのかを説明します。

O2C と P2P のポイント：支払期間とインコタームズ®

　O2C は顧客側を対象とし、P2P はサプライヤー側を対象としています。O2C と P2P のプロセスに関しては様々なことが語られますが、本書では、両方のプロセスに共通した基本的な考え方に限定してそのいくつかを説明します。

　まず初めに支払い期間から説明します。原材料や商品を購入した後、買い手が売り手に現金を支払う期限を支払い条件として提示します。60日の支払い条件の場

図3.13 広く活用されるインコタームズ®の貿易条件3つの例

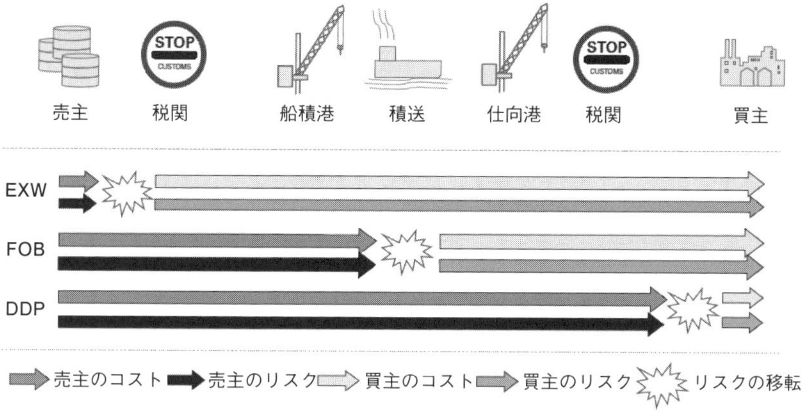

合、買い手は売り手に対し、原材料や商品を購入してから60日以内に現金を支払わなければなりません。この期限が短いほど売り手は現金を早く回収できるので、買い手に対する値引き率を大きくするのが一般的です。現金を早く回収することが売り手にとってどう魅力的なのかを理解するため、第2章で説明したキャッシュコンバージョンサイクルの考え方を思い出してみましょう。支払い条件は、企業とサプライヤー、企業と顧客の間での合意事項です。

　2つ目に、どのタイミングを起点として支払い期間を設定するのかという考え方があります。これはインコタームズ®（国際商業会議所が決定し、商標登録している International Commercial Terms）で規定されています。インコタームズ®では、売り手と買い手の間で商品の所有権が移転されるタイミングや輸送、港や税関での処理、中間貯蔵などのコストを誰が負担するのかを規定しています。インコタームズ®の最新版では、10種類の条件が規定されています。図3.13では、広く活用されている条件を3つ記載しています。

● EXW-Ex Works（工場渡し）　極端な場合、売り手側は商品を敷地内（工場、倉庫など）に準備し、買い手側が引き取りや輸送などを行います。売り手は、工場ゲートの端で価格を見積もるので、工場ゲート価格として知られています（売り手は、さらなるサービスや配送を実施することはありません）。

● **FOB**-Free on Boad（本船渡し）　買い手側が商品を積み込む船を指定します。
商品を船に積み込むまで所有権とコストは売り手側にあります。商品を船に積
み込んだ時点で所有権とコストが買い手側に移転します。

● **DDP**-Delivery with Duty Paid（関税込み持ち込み渡し）　売り手側が買い手側
の国の指定された場所（例えば、工場、倉庫、サードパーティーの場所）に配
送するまでのすべての処理を行います。所有権とコストは荷下ろし後に買い手
側（もしくはサードパーティー側）に移転します。

　以上３つの例では、コストと所有権の移転は同時に行われますが、他のケースで
は同時に行われない場合もあります。輸送費が売り手側の負担であっても、商品の
所有権が買い手側に移転するということもあります。

　インコタームズ®では、商品の責任と所有権が売り手側から買い手側に移転する
タイミングを規定しています。業界における一般的な商習慣や関係する企業間の交
渉の結果、買い手と売り手との間でどのインコタームズ®が適用されるかが決まり
ます。企業の規模と市場での影響力、また、サプライヤーから購入する量を考慮し
た上で、インコタームズ®の適用を検討する場合もあります。

　O2C と P2P のプロセスに影響を与える３つ目の考え方は、**委託在庫**と呼ばれる
仕組みです。委託在庫とは、部品や商品が顧客の施設に納品されても、顧客が販
売、あるいは使用するまではサプライヤー側の資産のままとなる在庫のことです。
例えば、自動車業界で非常に一般的な事例を紹介します。自動車業界では、サプラ
イヤーは部品を自動車メーカーの組立倉庫に納品した時点では代金を受け取ってお
らず、部品が自動車の組み立てに使用された時点で当該部品の支払いが行われま
す。部品が組立に使用されるまでの期間（部品在庫として組立倉庫に保管されてい
る期間）はサプライヤーが支払いを待つことになります。つまり事実上、サプライ
ヤー側がリスクを負う状態となります。

　最後に、与信上限額と与信リスクについてです。もちろん、これらも、O2C と
P2P のプロセス、サプライチェーンの実行と直接的な関係があります。与信上限
額もしくは与信格付けによって、例えば、顧客から受注できなくなるかもしれませ
ん。しかし、与信上限額の決定と与信格付けの扱いに関する方針についての意思決
定は、サプライチェーンの実行上の範囲外であることが一般的ですので本書では扱

いません。フレッシュコネクションの同シリーズであるクールコネクションという
シミュレーションゲームでは、参加者がこのような財務的な側面に対処することを
求められます。

　次節に入る前に、複雑性への対処と協働関係の構築における課題について、もう
一度確認していきましょう。戦略とインフラの議論と同様に、これまで詳細に説明
してきた戦術的かつ実行上のプロセスに関連した様々な機能部門の役割について考
えていきます。**図3.14**は、どの部門が、O2C、P2P、D2S のプロセスに（直接的、
間接的に）関与しているのかを可視化するのに役立ちます。

　図3.14からどのようなことが分かりますか？相互依存関係性や協働関係の複雑
性については、どのようなことが分かりますか？これに対処する際、見込みのある
解決策は何でしょうか？このテーマに関しては、第10章で説明しますので、ノー
トに書き留めておいてください。次節では、情報、システム、組織体制のテーマを

図3.14　O2C・P2P・D2S のサブプロセス―部門間マトリクス

	営業	オペレーション	SCM	購買	人事	財務	・・・
市場需要の予測							
需要とラフカット能力計画							
倉庫補充計画							
生産計画と生産スケジューリング							
生産・品質管理							
配送・資材管理							
購買計画							
購買オーダー処理							
顧客オーダー処理							
輸配送							
請求／支払							

取り上げます。

情報および関連する情報システム、組織体制

意思決定の中核となる情報：ERPシステム

　物理的インフラと計画と管理についての定義をしてきました。ここからは、計画や実行における各階層で、どのような情報が必要になるかを把握していきます。この情報の必要性は、情報システム関連の重要な意思決定からは切り離せません。前述のように、現在、多くの企業では、ERPシステムを使用しています。ERPシステムのような統合型システムでは、データの構造を整えることで、ビジネス上の異なる領域が、内部で統合された同一システムを使用して業務ができるようになることを保証しています。例えば、営業、人事、財務、製造、サプライチェーンを統合することができます。

　本書では、システムについて詳しくは説明しませんが、様々なシステムの違いについて説明することは重要だと考えています。

● **計画システム**、もしくは意思決定支援システム

　　計画システム、意思決定支援システムは、将来の様々なシナリオを想定して定量的な分析を行うことを目的としています。よって、数値計算に基づく実証を行った上で、将来どういった選択を行うべきか考えることができます。サプライチェーンの分野では、一般的に計画モジュールというものがあります。計画モジュールの例としては、生産計画、生産スケジューリング、輸配送と経路計画、予測、需要計画、ネットワーク設計などがあります。

● **実行システム**

　　実行システムはERPシステムの中核となることが一般的です。商品の流れに関連したリアルタイムの情報とそれに対応する管理面の情報が生成され、処理されます。サプライチェーンの文脈では、顧客の注文、輸配送指示、製造指示、購買注文などに関連していることがあります。

● **分析システム、データマイニングシステム**

　　分析システム、データマイニングシステムは、中核に大量のデータを保管して

コラム・ERP

　ERP とは、ヒト・モノ・カネ・情報など、企業が活動するために必要な資源を統合して管理し、企業全体で資源を有効に活用することをねらいとする経営手法のことです。正式名称を Enterprise Resource Planning と呼びます。日本語では「企業資源計画」または「経営資源計画」と呼びます。営業、生産、会計、財務などの基幹業務をまとめて取り扱うことから「統合基幹業務システム」と呼ばれることもあります。

　ERP には、2 つの大きな特長があります。1 つ目は、企業の活動をリアルタイムに捉えることができる点です。2 つ目は、データを 1 つにまとめて管理できる点です。経営者は、いつ、どこで、何が起こっているかを素早く察知し、それが企業全体に及ぼす影響を俯瞰的に捉えて、手を打つことができます。よって、ERP は全体最適を指向するシステムと言うことができます。

　SCM は基本的に情報システムによりその運用が支えられています。特に、全体最適を指向するという点で SCM と共通する、ERP が活用されています。

いることが一般的です。データウェアハウスやビジネスウェアハウスと呼ばれることもあります。分析システム、データマイニングシステムは、実行システムから送られた過去の実績データを含んでいます。実績データは、データマイニングシステムに保管されます。また、一般的に情報システムのインターフェイスを通じて実績データに接続されます。分析システムは、ユーザーによって定義されたクエリ（データベースに保存されたデータを抽出等するための命令）を実行し、データを可視化し、特定のレポートを作成し、重要業績評価指標（KPI）がまとめられた「ダッシュボード」を作成することを目的としています。

　フレッシュコネクションのゲームでは、実行システムは内部で自動的に処理されますので、ゲーム参加者が意識する必要はありません。計画や分析システムに関しては、Microsoft Office や Office for Mac のような標準的なアプリケーション、もしくは、更に高度なソフトウェアを使いながら、参加者自身で考える必要があります。データの入手可能性は効果的な意思決定のポイントの 1 つであることにゲー

ムを通して気づくはずです。これについては第2部で説明します。

　情報および関連する情報システムについて最後に1つ付け加えます。現在、無数の新しい技術開発が非常に早いスピードで行われています。デジタルトランスフォーメーションは、それ自身がトレンドとなっており、例えば、人工知能への期待が非常に高まっています。これらの流行から何が生まれるのか、正確にはどのくらいの時間を要するのかなど、様々な推測が行われていますが、実際のところは誰にも分かりません。

組織体制：サプライチェーン部門と最高サプライチェーン責任者（Chief Supply Chain Officer, CSCO）

　ネットワーク、計画と管理、そして、導入すべき情報システムを定義してきました。最後に、誰が何をするのか、どの人がどの仕事を担当するのか、関係者の正確な役割と責任は何であるのかについて検討する必要があります。

　価値創造、変換、原材料の移動に関わる全ての企業がサプライチェーンの活動を実行していると言えます。しかし、実際は、これらの活動を行う組織の構造には様々なものがあります。多くの企業では、機能領域別に組織が編成されることが標準的なようですが、サプライチェーン自体が機能領域と言えるのか、それとも他の機能領域の一部であるのか、一概に決められるものではありません。

　企業によって、サプライチェーン部門があったり、なかったりします。組織図でサプライチェーンがオペレーションの拡大領域の一部とする企業もあれば、サプライチェーンとオペレーションは対等の機能部門とする企業もあります。サプライチェーン担当役員がいない企業もあります。一方、アップル社やゼネラルモーターズ社のような企業では、サプライチェーン部門の経歴を持つ人が、既に CEO になっています。Forbs.com の記事では、SAP 社の上席副社長であるハンス・タルバウアーが、「最高サプライチェーン責任者は、役員の中で最も重要な役割を持っているのではないか？」という疑問を投げかけています（Thalbauer, 2016）。

　現時点での主な結論としては、シンプルに企業の組織体制のモデルが多数存在するということと、企業はそれぞれ異なっているため、「最良の組織体制」が存在するかどうかの判断は非常に難しいということになります。

図3.15 第3章のトピックのふり返り、サプライチェーンのテクニカル面

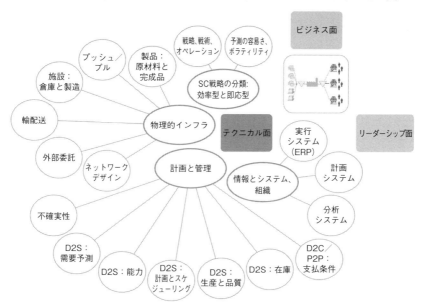

まとめ

　第2章でビジネス面の原理原則を説明した後、本章では、選択された企業戦略を起点として、サプライチェーンのテクニカル面について詳細に説明してきました。テクニカル面は、物理的インフラ、プロセス、情報システム、組織体制で構成されていました（**図3.15**）。

　引き続き、サプライチェーンの原理原則を探求する旅を続けましょう。次章では、サプライチェーンマネジメントの3つ目の側面である、リーダーシップ面に着目していきます。

第4章 サプライチェーン

リーダーシップ面

　前章までは、ビジネスとテクニカルの面からサプライチェーンを扱いました。この章では最後に、リーダーシップ面について考えていきます。次のテーマについて詳しく説明します。

● パフォーマンス評価と目標設定
● ステークホルダー管理、部門の縦割りと企業文化
● 信頼と協調（内部協働とチームパフォーマンス）
● 信頼と協調（外部協働とエンドツーエンドの透明性）

　例えばある企業のビジネス全体がサプライチェーンの役割を理解したうえで、ビジネス全体をテクニカルな観点で詳細に詰めていたとしても、見過ごしてはいけない側面があります。それは、リーダーシップや人の側面です。多くのビジネスプロセスは、実際に運用するまでは、その設計が完璧に見えることがあります。しかし人は、各々が異なる気分、意見、非合理性、動機、背景、家族の状況、健康状態、その他多くの事情を抱えており、それらをないがしろにすることはできません。リーダーシップと人の側面では、サプライチェーンのオペレーションを成功させるために必要な課題を提起します。それでは、話を先に進めましょう。

人を動かす：パフォーマンス評価と目標設定

　言うまでもなく企業は人で構成されています。サプライチェーンも例外ではありません。ほとんどの場合において、企業理念とビジョンを掲げるだけでは、人を「正しい」方向に導くことは難しいでしょう。だから、企業はパフォーマンス評価

と目標設定を通じて特定の期間内に達成すべき目標を定めるのです。これらは、年間計画の一部となる場合もあれば、（金銭的）インセンティブとなる場合もあります。パフォーマンス評価と目標設定は、多くの人にとって「テクニカルな」トピックであると考えられています（例えば、潜在的なプロセス改善の可能性を調査するため、実行プロセスの結果を測定する等）。しかし、本書ではこれらをリーダーシップの面で捉えます。なぜならば、パフォーマンスを測定し、目標を設定することは、リーダーシップの役割であると考えているからです。リーダーが設定するKPIや目標は、リーダーが部下とどのように働くかを左右します。それは、働く環境の重要な部分です。問題あるマネージャーは、評価指標を達成するために健康問題を引き起こしたり、部下に強いプレッシャーをかけ、大きなストレスをかけてしまったりすることがあります。特に、評価指標と目標が個人の（金銭的）ボーナスに関連している場合にこういったことが起こりがちです。

　KPIを設定するにあたって、"SMART" KPIという概念が広く用いられています。これは、KPIはスマートに選ぶ必要があることを示唆しています。SMARTの各文字は、考慮すべき要素の頭文字で、通常、次のように説明されます。

● Sはシンプル（Simple）を意味します。例えば、指標の名前と計算式が利用者にとって明確で理解しやすいものであるべき、ということです。シンプルでなければ、考え方も理解してもらえず、結果も信頼されないでしょう。

● Mは測定可能性（Measurable）を意味します。方針は、数値やパーセンテージ、または「はい／いいえ」などの値で捉えるべき、ということです。ほとんどの事象は何らかの方法で測定できるため、「測定可能性」よりも1歩踏み込んで、タイムリーで費用対効果の高い方法で測定できるかどうかを検討する必要があります。例えば、週次で把握する必要がある指標であるのに、測定して結果を得るのに2週間以上かかる場合は、データを取得するのが難しいか、レポートを作成するのに多くの作業が必要なのか、データが利用可能になるのに長時間かかっていると思われます。この場合、別のKPIを検討する必要性があります。

● Aは受容性（Acceptable）を意味します。測定結果を見る人が、用いられている指標は測定対象を代表しているものとして受け入れる、ということです。たとえば顧客から受け取った苦情の数を使って納品パフォーマンスを測定するこ

とが提案されたとします。しかし、これに対して、それは納品パフォーマンスではなく、顧客満足度を測定する指標ではないかという意見が出たとします。この場合、提案された KPI は、皆が受け入れたものではないため適切とは言えません。結果が報告されるたびに指標が適切かどうか議論になってしまいます。

● R は**実現性（Realistic）**を意味します。目標値は手の届く範囲にあるべきということです。そうしないと、目的を達成するための励みになるよりむしろ、やる気を削いでしまう可能性が高まってしまいます。

● T は**時間的制約（Time-constrained）**を意味します。これは、期限を設定することが必要であることを意味します。期限の設定が無いと、興味をなくしたり、「大丈夫、そのうち達成するよ。」という人が出てきたりするでしょう。

　キャプラン＆ノートン（Kaplan and Norton, 1992）によって、バランスト・スコアカードという概念が提起されました。今では当時より技術が進歩し、KPI ダッシュボードが登場し、KPI を「バランスよく」集めて該当するユーザーのパフォーマンスを多面的に表示できるようになっています。これらのダッシュボードについては、フレッシュコネクションで使用されている第8章のデータ可視化ソフトウェアに取り組むときと、第9章でサプライチェーンのリーダーシップの観点に戻ったときにもう少し詳しく説明します。

　意味のある KPI ダッシュボードを開発するには留意すべき点があります。目的の最終結果を測定する KPI と、最終結果に到達するまでの過程を測定する KPI の2つを区別しなければいけません。例えば、体重を減らしたい場合、結果を得るための KPI は実際の体重ですが、その過程を表す KPI として例えば、特定の期間に歩いた歩数とすることができます。この例からも明らかなように、両タイプの KPI を定義するためには、パラメーター間の因果関係を十分に理解する必要があります。

演習問題 4.1

KPI とダッシュボードを調べてみましょう

探求課題

インターネット、図書館、テキスト、データベース、雑誌など、自由に使える手段を通じて、KPI のトピックを探してみましょう。どんな発見がありましたか？

　第2部のゲームプレイにはパフォーマンス指標と目標が含まれています。今の段階ではそれらをあまり掘り下げませんが、内部での協働を活発にする KPI や目標を設定することは、とても難しいと考えています。広く用いられている目標のいくつかは、一般的に機能部門ごとに定義されており、残念ながら、目的とはまったく逆になっていることがあります。この件に関しては第2部で詳しく説明します。

　目標を設定することは素晴らしいことですが、必ずしも望ましい結果に繋がるとは限りません。労働環境から大きく影響を受ける可能性があることに注意してください。それでは、企業の労働環境と意思決定に影響するいくつかの要因を見てみましょう。

ステークホルダー管理、部門の縦割りと企業文化

　「サプライチェーン」が別個の部門により構成されているか一部門で構成されているかに依らず、サプライチェーンとして定義された範囲の活動は企業内で多くの他部門に影響します。サプライチェーン内での決定事項は、多くの場合、他の部門の活動に影響を与え、また他部門の決定事項からも影響を受けます。これはステークホルダーとの調整や管理が必要であるということを意味します。第1章で触れた、サプライチェーンに直接的、間接的に関連している人々についての議論を思い出してみましょう。

　一般的な組織構造は、多くの場合、営業、財務、人事などの機能部門を中心に構成されています。部門のエキスパートをひとまとめにするという専門的な観点からは十分に理解できるものですが、少し扱いづらい副作用もあります。アシュケナス（Ashkenas, 2015）は、「多くの組織には、今でも階層的、縦割りで、断片化された業務や文化がある。急速に変化する世界経済に対応しようとして、多くの企業はさらに複雑なマトリクス組織を編成するようになった。しかし実際には、迅速な意

思決定のために適切な人材を集めることはますます困難になっている。」と述べています。

　組織の縦割り構造が強いと、部門間で「私たち対彼ら」の対立を強めてしまいます。明らかに、部門間の連携を妨げる障壁となっています。アシュケナスはさらに、ジャック・ウェルチがゼネラルエレクトリック（GE）社のCEOを務めていた時のアプローチは有益であると述べています。それは、「リアルタイムで問題を解決して意思決定するために、役職、役割、地域を越えて人が集まる」ことができる、部門を横断して議論する場を用意することです。しかし、これはほとんどの企業にとって言うほど簡単ではありません。ゼネラルエレクトリック社は1990年代にこの取り組みを始めましたが、成功した数少ない例の1つであるようです。他の企業はそれを重要視しておらず、試してもいない、ということでしょうか？

　いずれにせよ、部門の縦割りはまだしばらくの間存在するでしょうし、より制度化された部門横断のプラットフォームと仕組みを持つには、まだまだ道のりが遠いようです。これは、サプライチェーン領域かどうかに関わらず積極的に部門の枠を越えてステークホルダーを管理することが強く求められる、ということを意味します。そのためには、部門の壁を恐れず共感したり交渉したりするなどのスキルを持つ等、強力なリーダーシップが必要とされます。

　企業文化が関係することも確かです。企業全体の人々が同じ（強力な）文化を共有していれば、部門毎に分断された「私たち」ではなく、より強力な、一体となった「私たち」によって、部門間の壁はより低くなります。キャンベル（Campbell, 2011）は、ハーバード大学のサービスとロジスティクスの有名な教授であるヘスケット（James L Heskett）の「効果的な企業文化は『文化的に目立つ点が無い』競合他社と比較して、企業業績に20〜30％の差がつく可能性がある。」という言葉を引用しています。しかしながら、実際にすべての企業が「効果的な」文化を持っているわけではありません。部門間の連携は個々のサプライチェーンマネージャーの利害調整能力にかかっていると言えます。

信頼と協調：内部協働とチームパフォーマンス

チームの特徴：成功したチームに見られる共通点

　たとえ効果的な企業文化が備わっていたとしても、企業全体、あるいは部門単位で意思決定を進めるにあたって、コミュニケーションや調整の障壁が低くなったに過ぎません。MIT と RSM／デルフト工科大学によるフレッシュコネクションでの学生のゲームプレイに基づいた最近の研究は、チームの特性と行動という 2 つの重要な側面を強調しています。

●**チームメンバー間の信頼関係**は、チームのパフォーマンスに大きな影響を与えるようです。個々のチームメンバーが互いに自律的で、かつメンバー間で高いレベルの信頼関係があるチームは、より良い結果に繋がる良好な職場環境を作り出します。MIT の調査では、「信頼の脆弱性」がある場合や個々のチームメンバーが物理的に異なる場所に配置された仮想作業チームの場合に、「チームメンバーが直接会った後の急激な改善」が見られることも示されています。これは、お互いを知らず、メール、電話、ビデオ会議などでしかコミュニケーションをとっていなかったチームメンバーが、実際に直接会った後に、はるかに生産性が向上したことを示しています。調査の結果、直接顔を合わせて会話することがチームメンバー間の信頼関係の向上に大きく寄与していることが分かっています（Phadnis *et al.*, 2013）。

●**高いレベルの内省的能力**もチームのパフォーマンスに良い影響を与えるようです。「チームの内省的能力とは、変化する状況に意識的かつ反射的に反応し、それに適応するチームの能力のことを意味します。」（Schippers *et al.*, 2011）RSM／デルフト工科大学の調査によると、この能力は、チームが「達成と肯定的な結果の獲得」を好む傾向にあるメンバーで構成されており、かつ、各々が「望む結果へのあらゆる可能な手段」を探求する傾向にある場合に特に効果的です（Schippers *et al.*, 2011）。これは、悪い結果を避けることに注力する傾向があるチームとは対照的です。

　ここから何を学ぶことができるでしょうか？考え方は比較的簡単に理解できるとしても、信頼と内省的能力は実際に設計することができません。確実に実施させることもできません。特定のチームを機能させるためには、信頼関係を構築し、時間をかけてゆるぎないものにする必要があります。同じことは内省的能力にも言えます。

性格と個性：チームの構成、役割、力学

　「チーム」の構成は、特定の目的のために結成された場合であっても、様々な部門の人々が偶然に集まった場合であっても、実際は技術的な知識やスキルに基づいて候補者を徹底的に分析した結果で決まるものではありません、性格特性や思考パターンに基づいて分析した結果で決まるものでもありません。私の経験では、ほとんどの場合において「チーム」は、単に、ある時点で参加可能な人を組み合わせて結成されます。

　まず、チームメンバーにはそれぞれが持ち寄った技術と経験の組み合わせがあります。それは後に続く力学に影響を与えます。チームのパフォーマンスに関するMIT の調査によると、「個々のチームメンバーの能力、つまり分析して推論するスキル、全体的な知的能力など様々な能力がチームのパフォーマンスに影響する。」ことが強調されています（Phadnis *et al.*, 2013）。別の見方もできます。20年程度の経験がある 1 人の年配社員と比較的経験の浅い 5 人の若手社員の打ち合わせは、重要な決定事項について議論する 6 人の上級マネージャー社員の打ち合わせとはまったく異なる雰囲気を生み出すことがあります。ちなみに、私自身の経験では、前者も後者も、より良い結果を保証するものではありませんでした。

　また、各人にはそれぞれ性格や個性があります。まったく同じ人など誰一人として存在しません。個性を補い合うことでチームがうまく廻る場合もありますし、個性によって衝突する場合もあります。

　チームにおける個人の役割を説明するフレームワークはいくつかあります。例を挙げると、ベルビン（Belbin, 2010）はチームの中で異なる個人の役割をまとめることで、チームの全体的な長所と短所を評価することができるという考え方を提唱しました。また、デボノ（De Bono, 1999）によって開発された、帽子思考法（Thinking Hat）というアプローチもあり、これも、チームの役割に関するものです。要するに、プロジェクトで働く正式なチームであろうと、重要なトピックについて話をまとめるために集まる非公式なチームであろうと、各チームは偶然集まった個性の集まりで、プロセス設計とは関係がないということです。同じように、ガットルナ（Gattorna, 2015）は、よく知られているマイヤーズ・ブリッグス（Myers-Briggs）、つまり個々のリーダーシップの型に関するフレームワークをサプライチェーンマネジメントの特定の文脈に当てはめています。

対象期間内においてチームがたどる段階

　ここで考慮すべき点が2つあります。チームがどれだけ長い期間を共にしているか、そしてチームとしてどれだけ成長しているか、ということです。集団力学の分野で有名な心理学者タックマン（Tuckman, 1965）が提唱したフレームワークでは、チームが辿る4つの発展段階があると説明しています。それは、フォーミング（形成期）、ストーミング（混乱期）、ノーミング（統一期）、パフォーミング（機能期）の4段階です。続いて、アジャーニング（延期・中断）、トランスフォーミング（変換）、モーニング（喪服）と呼ばれる、追加の散会期によって補完されます。フレームワークの基本的な考え方は、すべてのグループが同じ段階をたどる、ということです。その段階とは、人々がお互いを知り、行動特性を記録し、全体としてグループ内での役割を決める混沌とした初期段階から、グループが独自の内部ルールと共同作業の方法を確立し、実際にパフォーマンスを発揮する段階までを指します。この段階を経験できるように、フレッシュコネクションでゲームプレイに関与する講師の多くは、ゲームプレイのチーム編成において、なるべく一緒に作業したことのないメンバーでチームを編成することが好ましいと考えています。

動機付け

　次に考慮すべきは動機付けです。この場合、対象はチーム内の個人を指します。チームメンバーが自らの意思でチームに参加すると決めたか、そうでないか、というところから始めます。もし後者であっても、チームや活動が気に入ったのであれば、成功裏に終えることができるでしょう。もしタスクやチームが気に入らない場合は、行動に悪影響を及ぼし、最終的にはチームのパフォーマンスにも影響を与える可能性があります。

　図書館には、人々の動機付けについて、いろいろな面から説明された本がたくさんあります。気づきを得て、後に役に立つふり返りができるように、ある側面に注目しましょう。動機付けを、内発的と外発的という面から見てみます。内発的な動機付けとは、個人が本来持っている、新しいことを学び新しい人々に会い、新しいことに挑戦する意欲のことを表します。外発的な動機付けとは、個人に報酬（ポジティブ）や罰（ネガティブ）のいずれかによる、外的な要因によって、物事を実行する動機を与えることです。

　内発的な動機付けのほうが、外発的なそれよりも、前向きに行動するための強い推進力となる科学的証拠がたくさんあるようです。これは学校や大学で簡単に観察することができます。新しいことや役に立つことを学ぶことに心底興味がある学生は、ただ卒業証書を取得することが目的の学生や、両親から言われるがまま在籍している学生と比べ、はるかに前向きな考え方を持っています。企業においてはそれほど大きな違いが見られません。生活するために仕事が必要だからそこにいる人、上司から会議に出るよう指示されたからそこにいるような人も一部はいますが、多くのメンバーは、内発的な動機に駆り立てられ、物事を成し遂げるためにとても前向きな考え方を持っています。どのような状況に置かれたどのようなチームであっても、これら動機の原因の1つまたは両方が、多かれ少なかれ存在していることに気づくでしょう。

コミュニケーション：共通言語を使った質問、傾聴

　チームのパフォーマンスに密接に関連する別の側面としてコミュニケーションがあります。このトピックは非常に曖昧になりがちです。よく、企業に属する人々からは、コミュニケーションが不十分、または乏しいという意見を聞くことがあります。しかし、ほとんどの場合、それが正確に何を意味するのか、そしてさらに重要なことに、それに対して何ができるのかがはっきりしていません。例えば、より良いコミュニケーションとは必ずしもたくさん話すことを意味するわけではありません。

　営業部門と製造部門との間で行うコミュニケーションと意思決定に関するロールプレイを例に挙げます。このロールプレイは企業のトレーニングセッションでよく行われており、2人組でそれぞれが異なる役割を担い、仮想的な状況説明を受けます。彼らは会議に送り出され、目下の課題を解決するために合意に達しなければなりません。しかし、この課題は異なる役割を持つ担当者間の対立を招く可能性があります。その後、会議で取り上げた課題解決に向けた活動の報告を行います。報告では合意に達するための重要な成功要因に着目します。私はトレーニングセッションで、このワークショップを何度も行いました。報告では、ほとんどの場合、同じ内容が主要な成功要因として登場します。

　●積極的に聞き、説明し、説明を求める。

- ●共感と傾聴する意欲、態度を持つ。
- ●期待や働き方を明確にする。
- ●事実に基づいて作業するようにし、根拠のない意見を避ける。
- ●共通言語を確立するようにする。
- ●問題を解決する意欲を持つ。
- ●文脈を説明可能にし、代替案を検討する。
- ●準備して会議に臨み、課題は片付けておく。
- ●質問を人の批判と見なさないようにする。
- ●仮説に挑戦できる雰囲気を作る。
- ●お互いの利益を探り、妥協点を準備する。

　とても興味深いことに、このトレーニングを行うたびに毎回似た結果が報告されます（当然、私はいかなる報告もほのめかしたり押し付けたりしたことはありません）。ほとんどの人は、直感や個人的な経験から、そのような対立する可能性のある矛盾した議論における重要な成功要因を知っているようです。しかし、私たちはそれをなかなか上手く実行できません。これは「シンプルだけど簡単じゃない」という、1 つの明確な例といえます。人の組み合わせ、背景、スキルセット、性格、個人的な状況、動機、上司、キャリアの視点、その日の気分などはすべて、それを理解する上で重要な役割を果たします。

全体のチームパフォーマンス：タスクと関係

　サプライチェーンは、領域の内外で衝突する可能性のある問題を多々抱えています。なので、リーダーシップをサプライチェーンの重要な側面と位置付けています。前の段落ではチームパフォーマンスの要素について話しましたが、ここでは、リーダーシップ面の評価に戻ります。学習はどの程度上手く進んでいるでしょうか。

　チームプロセスの成果を測定し、「リーダーシップ」が暗黙的、または明示的にどのように機能したかを理解するためには、一方ではチームが実際にどのように結果を達成したかを、他方ではチームの雰囲気がどれだけ良かったかを確認します。米国のマネジメント・ワールズ社（Management Worlds, Inc.）が開発した方法論を活用することができますので紹介します。この企業はチームパフォーマンスに

関する興味深い2つの側面をマッピングする質問票を作っています。1つ目の側面ではタスクを対象とし（物事を達成しているか？）、2つ目の側面では、人間関係を対象とします（チームとして廻っているか？）。ある意味では、個人の技術力と知力、性格と個性と社交性、チームへの信頼、再帰性の程度、暗黙的／明示的にリーダーシップが発揮されたかなど、すべての側面がこの分析に集約されます。このアンケートは、第2部の後半、フレッシュコネクションゲームプレイにおいて自身のチームに適用されます。

演習問題 4.2

チームパフォーマンスを調べてみましょう

探求課題

　皆さんの実際の経験を掘り下げましょう。企業での経験、インターンシップ、学校でのグループワーク、スポーツやその他趣味のチームなどを想定します。上で触れたトピックに思い当たることがあるか、ふり返ってください。例えば、部門の縦割り、「企業」の文化、チームの役割、コミュニケーション、タスク実施におけるチームのパフォーマンスや関係などです。

信頼と協調：外部協働と透明性

　さらに一歩進んでみましょう。上流と下流にある他の企業を含んだサプライチェーンを定義しましたが、それを信頼と協調のトピックに関連付けます。前で述べたように、もし企業内で信頼と協調を確立することが大変だと分かっている場合、まず、企業外の関係者と同じことができるかを想像してみてください。最初は共通認識が明確にできないでしょう。原則として、必要なことは人間関係を確立することであり、内部協働の節で扱った考え方は外部協働の場合にも同様に有効と言えます。しかし、内部の場合とは違って、企業間の関係ではより公式的な手続きが必要となります。社内の上司に報告する手続きと同じとはいかず、目標と目的も必ずしも一致しません。そこで一旦、サプライチェーンのリーダーシップの側面に関するこの章の一部として、特に信頼というテーマに戻りたいと思います。

透明性の欠如：ブルウィップ効果

　サプライチェーンで有名な現象の1つにブルウィップ効果と呼ばれるものがあります。それは、信頼関係が構築できていないために、企業間の情報に透明性が欠如することによって起こります。仮に、顧客が将来の需要予測についての考えを共有するのを嫌がったとすると、自社では能力の限りを尽くして推測することしかできません。ブルウィップ効果に関する深く広範な学術研究結果が示すように、私たちは必要以上の安全在庫を確保するでしょう。この影響はサプライチェーン上流のすべての段階で、より大きくなります。それが「過剰な在庫投資、不十分な顧客サービス、収益の損失、誤った能力計画、非効率的な輸送、および生産スケジュールの欠落」につながります（Lee *et al.*, 1997）。

　ビジネススクールでMBAの学生と有名なサプライチェーンゲームを実施した結果から作成した**図4.1**を参照してください。この図は、サプライチェーンの各段階で各社がサプライヤーに注文した数量を週単位で表示しています。小売の図は、小売企業が卸に注文した製品の数量を週ごとに示しています。リーら（Lee *et al.*, 1997）が強調した負の側面が想像できると思います。もし顧客の行動が不安定で予測できないとしたら、皆さんならどのようにして在庫を積み上げておくでしょうか？サプライチェーンの各段階では、倉庫保管、製造、または輸配送の観点から実行能力をどれくらい持っておく必要があるでしょうか？コスト効率と最終利益はどのような結果となるでしょうか？顧客に対する納品信頼性や、最終的に顧客が持つ感情はどうなるでしょうか？

　ブルウィップ効果が起こる原因はいくつかありますが、その1つに、前述のとおり、サプライヤーと顧客の間で透明性が欠如することが間違いなく挙げられます。

図4.1　ブルウィップ効果

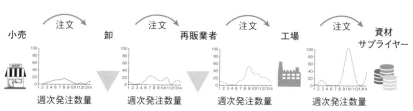

出典：授業で実施したビールゲーム（シミュレーションゲーム）の結果より

ベンダー管理在庫（VMI）：透明性欠如のソリューションとなり得るか？

　サプライヤーと顧客の間で情報の透明性を確立、改善する例として、ベンダー管理在庫（Vendor Managed Inventory, VMI）を取り上げます。これはブルウィップ効果の影響を（部分的に）減らすことができるソリューションの１つと考えられ、長年用いられています。中心となる考え方は、顧客の倉庫に十分な在庫を維持する責任を、製品を購入する側である顧客から、サプライヤーに移すことです。

　VMIを行うためには、サプライヤーは顧客の倉庫の在庫水準と売上水準に関する信頼に足る情報を必要とします。この情報は顧客からの売上予測で補完することが理想的です。これによって、サプライヤーは顧客の倉庫に在庫を「自発的に」補充するために必要な情報を得ることができるはずです。結果、取り決めた数量の範囲内で製品の供給を保証することができます（**図4.2**）。

図4.2　VMI対従来型の注文を基本とする仕組み

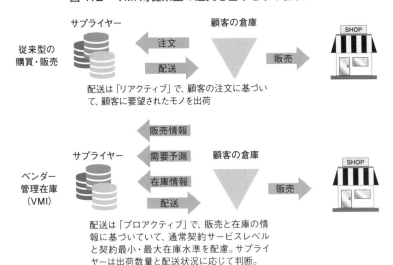

演習問題 4.3

VMI を調べてみましょう

探求課題

VMI の運用を成功させるための要因とは何でしょうか？
以下の例を参考にしてください

- 製品の特徴：サイズ、重量、梱包形態
- 製品ポートフォリオ：製品数と SKU の数
- 販売数量と販売パターン
- サプライヤーの規模と顧客の規模
- 顧客にとってのサプライヤーの重要性
- サプライヤーにとっての顧客の重要性
- サプライヤーのシステムの複雑さ
- 顧客のシステムの複雑さ

VMI が上手く機能すると思われる状況はどのような状況でしょうか？そして、「リーダーシップ」をどのように活かすことができますか？

コンセプトの段階では、VMI などの推進は非常に単純明快です。しかし、この手のプロジェクトは、プロセス設計、システムの実装と接続、役割と責任の定義、そして変数の微調整などのテクニカルな部分は別として、実は相当な熱量の信頼関係が求められることが分かっています。対象プロジェクトがサプライヤーによって提案され、推し進められる場合は特にそうです。

なぜ、売上に関する（機密）情報をサプライヤーと共有するのでしょうか？なぜ、何が売れて、何が売れていないのかをリアルタイムで知る必要があるのでしょうか？なぜ、帳簿を見て保有している在庫量を伝えるのでしょうか？どのようにしたら、サプライヤーが自社の倉庫に過剰な在庫を積み上げてしまうことなく、容易に運用できるようにできるのでしょうか？どのように新製品の導入を進めますか？そしてなぜ、サプライヤーが自社よりも上手く予測と補充ができるのでしょうか？私たちは、彼らに変わって自社の製造や営業の専門家になれないのでしょうか？し

コラム・ベンダー管理在庫（Vendor Managed Inventory、VMI)

　VMI とは、クイックレスポンス（QR）プログラムの発展過程で考案された、ベンダーによる在庫管理によって、在庫・欠品低減を実現するプログラムです。一般に、販売時点情報管理（POS）データ、在庫データの共有などが前提となります。

　VMI には、顧客への受け渡し時点で資産が顧客に移転する、欧米で一般的な買取式 VMI 方式と、顧客が使用して初めて資産が顧客に移転する、ベンダー・オウンド・インベントリー（VOI、富山の薬売り、第3章の委託在庫）方式があります。

TFC における VMI の枠組みイメージ

　フレッシュコネクションでは、買取式 VMI が前提となるため、VMI を採用しても、保有在庫が大幅に増減することはありません。一方、日本の VMI は、VOI 方式が一般的です。顧客が在庫していても、実際に販売・使用されるまではベンダー側の資産という、ベンダー側が在庫リスクを負う顧客側に有利な商習慣は、日本の VMI 普及の足枷となっているとも言われています。

　こうした中、近年業績が伸長するワークマンが、2015年、買取式 VMI を導入しました。全体最適の観点で、日本でも VMI が普及する契機となるかもしれません。

　かも、上記がすべて上手くできたとしても、これらを並行して実行できるサプライヤーがどれだけいるのでしょうか？リソースは限られています。

　企業間のより開かれたコミュニケーションに繋がる相互信頼は、VMI などの解

決策を施すことによって、パフォーマンスの向上やブルウィップ効果の低減に寄与するということは、直感的に理解できるでしょう。しかし、この概念を実行に移すのは難しいです。残念ですが、外部協働を行う場合に相互信頼を強いることはできません。それを成すには多くの時間と労力を要しますが、何よりもまず、前向きに考えることが必要です。

　私の友人の一人は有名な多国籍企業で働いており、彼の企業は最近、サプライチェーンを刷新したことに対して業界賞をもらったと話してくれました。プロジェクトの一部では主要顧客との川下統合の仕組みを構築しました。そこにはプロセスやシステムの統合も含んでいます。これまでに成功した顧客の数と要した時間について質問したところ、プロジェクト開始後、約18カ月かけて4件の顧客との間で成功したことが分かりました。先行している3社の顧客の内、「取り組みが完了した」と思っている企業はまったくなかったとのことです。変化は本当にゆっくりです。ちなみに、かなり多くの顧客は実際、笑顔ではありましたが、参加への打診についてはきっぱり断ったのだそうです。

　まとめると、概念レベルでは変革によって好転する事がすぐに分かるのですが、実行に移すには多くのビジョン、根気とリーダーシップが必要だということです。その意味で、VMIの例にある要素の多くは、サプライヤーと顧客の垣根を越えた協働プロジェクトであるとみなすことができます。この内容は、第3章で説明した、サプライヤーのセグメンテーション、特にサプライヤーと戦略的に協働するトピックに関連しています。

サプライチェーンにおいてのリーダーシップの役割

　これまでに登場したトピックでうまく説明できていれば理解できると思いますが、サプライチェーンの中で物事を成し遂げることは簡単なことではありません。技術的な複雑さに圧倒されるかもしれませんが、内部と外部の両方で関わる人間が増えてくると、更なる課題が生じるようになります。だからこそ、リーダーシップが求められるのです。

　T字型マネージャーの概念は、マッキンゼーアンドカンパニー社が当時、いくつかの原則を実行した後に、デビット・ゲスト（David Guest, 1991）によって最

初に考案されたと言われています。その概念は、背景に「デザイン思考」の流れを
組む、有名なデザイン企業である米国のアイディオ（IDEO）社によって広められ
てきました。T 字型マネージャーの中心的な考え方は、特定の機能またはビジネス
領域における深い（テクニカルな）知識と問題解決スキルから得られる利点を、企
業内または企業間での様々な領域にわたる幅広いコミュニケーションスキルと組み
合わせるというものです。

　ハーバードビジネスレビューの記事で、ハンセン＆フォン・オイテンガー
（Hansen and von Oetinger, 2001）は、少し異なる T 字型マネージャーの解釈
を唱えています。T 字型マネージャーとは機能的な深いスキルや幅広い部門横断型
のスキルの組み合わせではなく、自ら動き、知識や経験を企業内に広め、その外に
もそれを広げることの組み合わせであるという考え方です。この考え方は、社外に
も広めることでサプライチェーンの端から端までを想定した運用を可能にすること
を意図しています。言い換えると、純粋なスキルというより、行動に焦点を当てて
いるということです。私は、どちらの考え方もサプライチェーンの端から端のどこ
かで起こっていることの性質と特徴を表していると考えています。

　クリストファー（Christopher, 2016）は、サプライチェーンを俯瞰した視点で
見るために T 字型の概念を用いましたし、サプライチェーンの人材紹介企業であ
る Inspired-Search 社は、T 字型マネージャーの概念を大きく発展させ、詳細なサ
プライチェーンの要件をまとめた図を作成しました（**図 4.3**）。これは、2013年
に私が書いた「サプライチェーンマネージャーの日々の十種競技」（原題：The
supply chain manager's daily decathlon）というタイトルの一連のブログ投稿の
出発点でもあり、SupplyChainMovement.com の Web サイトに公開されたもの
です。

　ブログの中心的なアイデアは、サプライチェーンの十種競技を実施するにあたっ
て、異なるスキルが要求されるゲームを題材とすることでした。いくつかは自分で
開発し、有名になったものもあります。ブログではこのようなことをほのめかして
います。「仕事において多様な問題が発生する状況を考えると、サプライチェーン
マネージャーは、万能で、様々なスキルを持ち、ある意味、状況に応じて柔軟に自
分を変えることが必要とされる。十種競技の選手と少し似ており、様々な分野で優
れたパフォーマンスを発揮する必要がある。しかし、それぞれが最高である必要は

図4.3 T型サプライチェーン・マネジャー

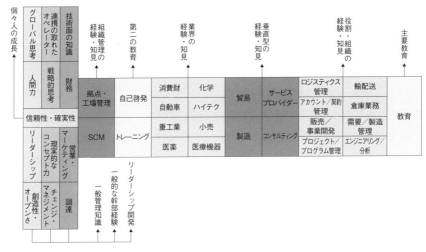

出典：インスパイアードサーチ社

なく、一連の試合で総合1位になることができれば十分だ。」(Weenk, 2013b)
ゲームとスキルセットは次のようなものを扱いました。

● SimCity™ ― 全体論的な考え方、全体像、見通し
● Mighty Materials Monopoly ― ビジネスセンス、企業財務の専門知識
● Rush Hour® ― 論理的思考、問題解決、目標設定
● Power Pit-Stop Project ― 分析、技術的スキル、プロジェクトマネジメント
● World of Warcraft® ― 交渉、ストレスや不確実性への耐性
● High-hope Tightrope ― トレードオフの感覚、バランスの取れた目標
● Dragons'Den ― 短時間で説明する能力、言語化、視覚化
● Diplomacy® ― 同盟の構築、政治の感度
● Who are you? ― 人々の感性、雰囲気の創造
● Mega Marathon ― 焦らず、楽しみながら

　本書の内容とは少しずれますが、ブログで触れているのは、十種競技の10の異なるゲームで成功するために必要とされるスキルの内、少なくとも半分はリーダーシップ面の一部に、残りはサプライチェーンのビジネス面、テクニカル面に関連し

ています。

　この章を終えるにあたって、ゼネラルエレクトリック社の元 CEO、ジャックウェルチの話に戻りたいと思います。彼がリーダーの役割にフォーカスして話している素晴らしいビデオがあります。ウェルチは、リーダーシップには 4 つの重要な角度があると話しています。皆さんは、リーダーとして Chief Meaning Officer（最高「目的」責任者）である必要があります。行きたい場所を説明するだけでなく、もし旅行に参加したらそこに何があるのかを明確に示すということです。更に、Chief Broom Officer（最高「箒」責任者）である必要があります。組織の混乱を取り除き、縦割りをやめるということです。次いで、Chief Generosity Officer（最高「共感」責任者）である必要があります。自分のことだけではなく、同僚の成功を喜ぶということです。最後に、ウェルチは Chief Fun Officer（最高「楽しみ」責任者）を明示しています。これは、チームの小さな勝利を祝い、大きな勝利に導き、毎日仕事を楽しむということです（JWMI, 2015）。

　経験学習サイクルの話に戻りますが、この章で説明されているスキルを実践するために、ゲームプレイを実際にやってみることをお勧めします。これによって、まず、それぞれの用途と重要性を認識し、また、それぞれの用途における自身のパフォーマンスを評価することができるようになるでしょう。

まとめ

　本章で触れた、パフォーマンス測定、ステークホルダー管理と企業文化、チームの役割とチームの力学、信頼と調整といったトピックを理解することで、サプライチェーンの 3 つ目の観点、リーダーシップ面の説明を終えたいと思います（**図 4.4**）。次の章では、原理原則の探求の旅の締めくくりとして、ビジネス面、テクニカル面、リーダーシップ面というサプライチェーンの観点を一度に管理することの複雑さについて見ていきます。

図4.4　第4章の振り返り、サプライチェーンのリーダーシップの側面

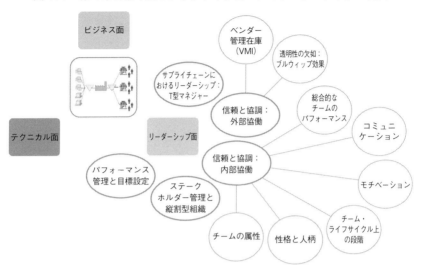

第5章　シンプルだけど簡単じゃない(2)

複雑性と整合性の確保

　原理原則を探求することをテーマとした第1部の最後となる本章では、ビジネス、テクニカル、リーダーシップの組み合わせでより複雑になるサプライチェーンの問題を解決に導く2つのキーポイントを取り上げて紹介します。

- ●トレードオフへの理解
- ● S&OP プロセス

　これまでの章に加えて、この2つのポイントを抑えることにより、第2部におけるゲーム実施をスムーズに進めることができると考えています。

複雑！

　これまでの説明で、サプライチェーンマネジメントに関連する個々の概念が比較的単純明快であることを理解できたと思います。概念的には多くが理解しづらい内容ではないと感じていただけたとも思っています。しかしながら、それ故にすべてが簡単だと思ってしまうところに大きな落とし穴が潜んでいます。なぜならそんなに簡単にはいかないからです。戦略的、戦術的、ならびに実行的な観点で、ビジネス領域においてサプライチェーンが非常に複雑と言える理由がたくさんあります。

- ●膨大な数の個別要素が共存しサプライチェーンを構成しているため、どの時点においても全体像をとらえるのが非常に複雑となります。
- ●異なる要素が**相互依存関係**にあるため、ある部分での意思決定が他の部分に与える影響を把握するのがとても複雑になります。サプライチェーンはプロセス、

人、企業、その他多くの要素から構成される複雑なシステムなのです。

●**客観性**を重んじることで、事が単純明快に進むとは限りません。多くの部分は計算と分析により対応可能とは言え、意見交換、議論、説得をする余地・必要性がたくさん存在するため、上述のポイントに加えて更に複雑さが増していきます。

●更に、**不確実性**についても考慮が必要です。需要、供給、業務パフォーマンス、競合の動き、技術的進歩とその速度、ビジネスや社会の情勢、その他多くの点において考慮すべき不確実性が存在するため、ここでも複雑さはさらに増していきます。

上で述べたような事象（のみならずさらに多くの事象）は同時に発生するものです。個人的には、だからこそサプライチェーンは仕事、学習領域として魅力的なものであると考えています。サプライチェーンは複雑、それ故に多くの側面で整合性の確保が必要となるのです。

●短期的視点と長期的視点
●戦略と実行
●サプライチェーン施策の実施とその結果
●全体像と詳細
●利点と欠点
●内的要因と外的要因
●事実と推測、意見
●究極的には、需要と供給

それでは第2部でのゲームを開始する前に、2つのとても重要なキーポイントの紹介を終わらせてしまいましょう。1つは概念、もう1つはプロセスになります。どちらも現実的なサプライチェーン運営における複雑性と整合性確保の障壁を乗り越え、企業を前進させる効果的な意思決定を行う上で絶対的に不可欠なポイントとなります。それは「トレードオフ」と S&OP の2つです。

トレードオフ：すべてを得ることはできない

これまでの説明で、サプライチェーンのための多くの意思決定は多面的で、かつ

それらが生み出される状況は部門と領域の相互依存関係によるものであるということを理解していただけたと思っています。多くの意思決定には常に利点と欠点が存在しており、すべての側面とすべてのステークホルダーを満足させる完璧な解というものは存在しません。おそらく、ほとんどの場合、私たちはトレードオフを生み出し、異なる変数、意見、利害関係の中で、どうにか許容できるバランスの取れた着地点を模索して合意形成を行うこととなります。

　物流と倉庫のように、1つの意思決定領域からアプローチできるトレードオフもありますが、現実的には多くの場合、部門横断的な意思決定が求められることとなります。例えば、物流に関して何か変化を加えると、倉庫のみならず、顧客サービスにも影響が出ることを考慮しなければいけません。さらに、定量化できる要素もあればできない要素も存在するため、すべての議論が明快な数理的方法で解決または反証されるというわけではないのです。

　加えて、多くの場面で、意思決定の支えとなる情報は100％完全な形で提供されることはないため、推測しながらその情報の欠落を埋めていく必要があります。そのため、属人的な側面や（上司が待っているなどの）時間的圧力も多分に加わってきます。良い意思決定をするには、全体的な視野、忍耐力、構造化されたアプローチ、それに幾ばくかの現実主義的視点が要求されることとなります。

　これは本当にトレードオフの連続で、サプライチェーンで働く人々は、ある部分で加える変化がどの部分に影響を与え得るのかを感じ取るための一定の感受性を養っていく必要があります。事実、前の章で述べた通り、これは十種競技のような鍛錬を毎日行うことで養われるスキルであり、さらに、実践の場でのトレードオフに対処する現実主義的なアプローチ法を自身の手で開発していく必要があると言うことです。

　それでは、サプライチェーンの各要素間のトレードオフを考慮するにあたり、まず初めに幅広く認知されている視点で少し眺めてみましょう。これはプロジェクトマネジメントで使用される有名な「**鉄の三角形**」に似ています。コスト・時間・品質の三角形です。例えば顧客が意思を変え、合意した条件よりも早く結果を求めたとします。それに起因して、すでに妥当な推測のもと設計されたプロジェクトの納期を早めようと、何かしらの方策をとる必要性に迫られた場合、納期を早めるには元々の見積金額、または成果物の品質が危機にさらされることになるでしょう。こ

れと同様に、サプライチェーンにおいてはこの三角形を、**良いモノを、より早く、より安く、**という３つに置き換えることができます。サプライチェーンのテキストでは、顧客へ約束したサービス、実行コスト、必要な在庫の３点による典型的なトレードオフのように表現されていることが多くあります（**図5.1**）。

　第２章で述べたようにサプライチェーンの財務的視点への注目が増しているため、運転資本、ひいては使用総資本に対する付随的影響についてより重点的に考慮する必要があります。実際には、前述した投資利益率といった KPI に与える影響を考慮することと似た作業になります。良いモノを早く提供することは、売り上げに一定の効果を及ぼしますが、運転資本に支えられた全体のコストと共に、確実に経費負担を高めることになります。何かの選択を思案する際に、トレードオフとなる関係要素への影響を考え、それらの関係性に精通していくことは、サプライチェーンで働く際に必要とされる意思決定の利点と欠点に対する感覚を鍛えるのに非常に役立ちます。

　次に、サプライチェーンの意思決定でのトレードオフを考慮する現実的なアプローチとは、目の前にある選択肢を全体的な視座で眺め、シンプルに以下のステップを踏みながら、意思決定について具体的なビジネスケースを作り上げていく作業になります。

●結果として起こり得る利点と欠点を列挙する。
●利点と欠点を可能な限り定量化する。
●推測が必要な場合、推測の根拠をできる限り明らかにする。もし根拠が納得でき

図5.1　サプライチェーンにおける従来のトレードオフ：良いモノを、より早く、より安く

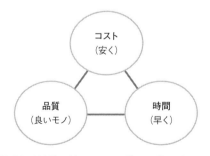

出典：スタール（Stahl, 2009）、ドーワティ＆グレー（Dougherty and Gray, 2006）

るものであれば、異なるシナリオを作る。
- ●与えられた時間内または情報で定量的な判断材料を作れない部分には定性的な判断材料を考える。
- ●現状から将来的な状況へ移行するにあたっての実行面での課題に対応する。
- ●上記のような全体的な視野を基本として、企業内の他者に負けないように自身の意思決定を支える説得力のある議論展開を想定してみる。意思決定は企業全体の戦略と合致している必要があるため、このステップでは企業が選択した戦略が最終的な意思決定と議論展開の指針となる。

　第2部ではたくさんのトレードオフのサンプルが登場しますし、ビジネスケースとなりそうなトピックは第10章で再度より詳細に説明します。

部門間の整合性：販売事業計画（S&OP）と統合事業計画（IBP）

　トレードオフという現象と並んで、サプライチェーンの意思決定を行いながらビジネス、テクニカルおよびリーダーシップという各側面を織り交ぜていくには、企業内の異なる部門、機能領域間の整合性をとる必要があります。**図3.9**と**図3.14**を利用して考察したことを思い出してみてください。その考察では、サプライチェーン戦略の策定とインフラに関連した各部門間の相互依存関係、企業全体のO2C、P2P、D2S プロセスといったサブプロセス間の相互依存関係を順番に見ていきました。ここでは、これら2つの視点を合わせて、各部門間の整合性をとるという困難な作業と意思決定にまつわる複雑性をよりはっきりと見渡せるようにしていきましょう。

　実際に、これらの困難に立ち向かうために時間をかけて作り上げられたのが販売事業計画（Sales and Operations Planning, S&OP）プロセスと言えます。当初のS&OP の思想を洗練し、次のレベルに持ち上げたものとして統合事業計画（Integrated Business Planning, IBP）を想起する人もいるかもしれません。インターネットでは、その他にもS&OP の成熟モデルが見つかります。コンサルティング会社であるガートナー社の作成したモデルが特に有名です。

図5.2　S&OP プロセス：5つのステップの月次プロセス

出典：スタール（2009）、ドーワティおよびグレー（2006）より

　初期のS&OP プロセスの開発に携わった重要な人物のうちの1人であるトム・ウォレスは、「S&OP とは、需要と供給をバランスし、財務的計画と業務的計画とを統合し、高度な戦略計画を毎日の業務と連携させていく一連の意思決定プロセスである。」（Wallace, 2009）と語っています。

　最近では、S&OP は世界中の多くの一流企業において最重要検討事項の1つとなっていますが、いまだに多くの企業がS&OP を正しく構築するのに苦労しています。プロセスに要するステップそのものはそこまで複雑ではないため、この事実に驚く人もいるかもしれません（図5.2参照）。しかし一方で、S&OP はサプライチェーンのビジネス、テクニカルおよびリーダーシップという各側面の連携を直接反映するものであるため、最終的にそれを実行することの難しさはそう驚くことではないとも言えます。

> **演習問題** **5.1**
>
> S&OP／IBP について調べてみましょう
>
> **探求課題**
>
> 　インターネット、図書館、データベース、雑誌、その他利用可能な情報ソースから、S&OP／IBP に関するトピックを探してみましょう。どのようなトピックが見つかるでしょうか？

　第2部でフレッシュコネクションをプレイする際に、読者の皆さんも独自のS&OP プロセスを構築するという困難に直面し、その複雑性を体験できるでしょう。

コラム・S&OP（Sales and Operations Planning,　販売事業計画）

　S&OP とは企業組織が共通の計画を持ち、営業、生産、財務、物流といった各部門の事業計画をこの組織全体の共通計画に合わせて、かつ部門間の整合性がとれるように統合することによってサプライチェーン全体の同期を図ることを言います。事業におけるすべての活動の横串を刺し、各部署での意思決定を調整することを目的として行われます。サプライヤーから顧客までを水平的な視点で統合するサプライチェーンマネジメントと、企業組織の経営層からすべての部署を垂直的に統合する S&OP の双方を密接に連携させることによって人・モノ・金の全体最適化と顧客への提供価値の最大化を狙います。

　S&OP は次図のように需要予測から経営層による S&OP 会議まで5つのステップをひと月単位のサイクルで回しながら組織の合意形成を行なっていきます。

　S&OP では需要、供給、製品群の取扱量、製品ミックス（各製品をどの顧客用にどのように製造するか）について、経営計画との整合性をとりながら経営層が様々な他エリアとのすり合わせをし、決定していきます。現場が日々のオペレーションを運営する中で部署をまたぐ大変な調整を強いられる

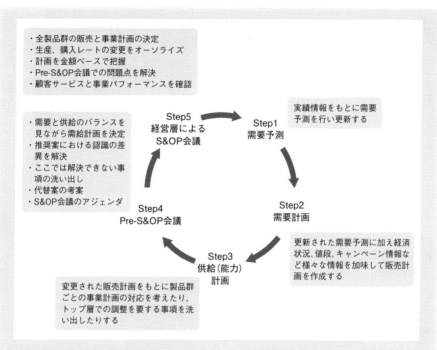

ことにならないよう、経営層はこのサイクルを通して部署間のトレードオフ
解決に強いリーダーシップを発揮しなければなりません。

【参考文献】

F.R. Jacobs, W.L. Berry, D.C. Whybark, T.E. Vollmann, "Manufacturing Planning and Control for Supply Chain Management : The CPIM Reference," 2nd edition, McGraw-Hill, 2018.

まとめ

複雑性、トレードオフ、S&OP というトピックの解説をもって、サプライチェーンマネジメントの原理原則を探求するという第1部の内容は終わりとなります。ふり返りとして、**図5.3**でこれまで議論した各概念の全体図を見渡すことができます。これらはすべて第2部でフレッシュコネクションをプレイする際に、そのまま、または形を変えて登場することとなります。

繰り返しになりますが、サプライチェーンでは、これまで説明した多くのトピックそのものは難しくないものの、それらすべてが同時に発生します。それこそが「**シンプルだけど簡単じゃない**」という状況を生む原因であり、またそれこそが楽しさの源泉でもあります。原理原則を探求する1つ目の旅が今終わりました。次は第2部、原理原則を習得する2つ目の旅に入っていきます。

図5.3 サプライチェーンマネジメントの3つの側面

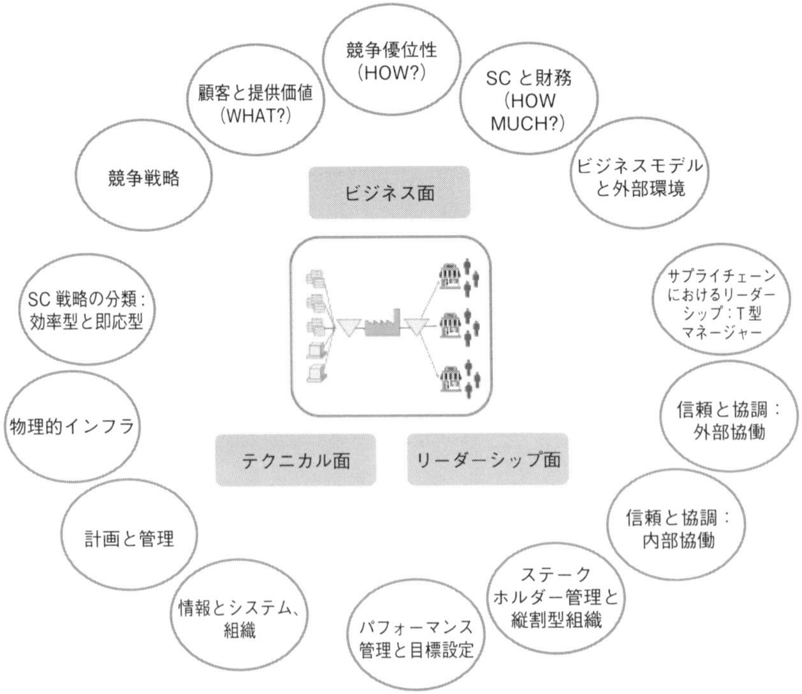

応用編

　第1部では、原理原則の基本的な知識について探求しました。第2部では、実際に原理原則の基礎を修得することを目的として、その考え方を応用する実用の観点に着目していきます。ここではビジネスシミュレーションであるフレッシュコネクション（The Fresh Connection）を個々の考え方を応用していく主な手段として、第1部で紹介した内容をさらに深堀りしていきます。基本設定のシミュレーションゲームでは、比較的安定した外部環境が想定されていて、企業を滞りなく運営し利益を出していくための、サプライチェーンの様々な基本的な意思決定を試していくことができます。シミュレーションを実行することにより、因果関係（意思決定とその結果）のつながりが明解に理解できるようになります。これによって学習者は、様々な部門の**実際のデータを分析**し、**良い意思決定を行う**ための直接的な経験を得ることになります。このため、第2部の演習問題は**分析**と**意思決定**の2つのステップから構成されています。さらに各章の最後では、学習サイクルを締めくくるふり返りを設けていきます。

　また第2部では、各章でサプライチェーンの3つの側面（ビジネス、テクニカル、リーダーシップ）について取り上げていきます。

第6章	# サプライチェーンシミュレーション 実施についての知識

さぁはじめよう！

　第1部では、サプライチェーンの3つの側面であるビジネス、テクニカルそしてリーダーシップに関連する主要フレームワークや理論、そして概念を高い視座から紹介してきました。第2部では、ビジネスシミュレーションであるフレッシュコネクションを双方向教材として活用しながら、実務への応用という視点からビジネス、テクニカル、リーダーシップの3つの側面について説明をしていきます。これにより、経営に折り込まれた複雑さを直接的に経験することが可能となります。この章では、まず最初にシミュレーションの説明と設定されている状況について解説し、ラウンド1でどのような分析やどのような行動をすべきかについて説明します。

フレッシュコネクション（TFC）・ビジネスシミュレーション・ゲーム

　フレッシュコネクション（以下、TFC）ビジネスシミュレーションゲームはオランダのインチェインジ（Inchainge）社により開発されました。2008年のTFCリリース以前、同社は各種ボードゲームを活用したトレーニングやコンサルティング活動で実績を積み上げてきていました。同社はTFCのリリースを通じ、"現実に近いシミュレーション"の水準の引き上げに貢献するところとなりました。

　TFCはヨーロッパの北東部（オランダとしましょう）に位置する、**赤字に陥っている高鮮度フルーツ飲料メーカー**が舞台となっており、半年単位の各ラウンドにおいて戦略的・戦術的な意思決定を繰り返しながら利益を上げるよう変革していくことが求められています。このようなビジネスシミュレーションを教材として使用する魅力は、学習者が楽しく、リスクなしでありながら、市場競争の下、実務に近い環境で原因と事の顛末（意思決定と結果）の関係を経験できることにあります。

　TFCを他のビジネスシミュレーションと比較した場合の特徴は、価値の連鎖と、

上流側サプライヤーから下流側の顧客に至る原材料や製品の流れの両方が分かりやすく明確に示されていることにあると言えるでしょう。さらに、意思決定を営業、購買、製造そしてサプライチェーンといった機能別に明確に区別しかつ機能別に担当者を配置することによって責任が機能に準じて分割されており、シミュレーションでの体験を実際の業務に非常に近いものとしていることも特徴と言えるでしょう。

　このような機能と責任の分割により、学習者は純粋な機能別の意思決定を越えて、**機能間の調整**をいかに効果的かつ効率的にする方法を見つけ出す必要に迫られることになります。これらに制限時間というプレッシャーが加わることで、比類のない学習体験を実現させる為に必要な要素はすべてそろっていることになります。

　TFCビジネスシミュレーションゲームは、構成をカスタマイズ可能で、トレーニングの各モジュールの設定を通じて、モジュール毎に強調したい異なるテーマを持たせることができます。通常、ゲームの開始時（ラウンド1）はそれほど複雑ではない設定にしておき、ゲームの進捗に従って複雑さが増していくような設定とします。教育プログラムにおいてどのような設定を採用するかについては、コース責任者である講師がコースの内容や学習目的を考慮して決めることになります。この時点で覚えておくべき項目は以下のようになります。

- ●TFCはフルーツ飲料メーカーであり、現在は赤字です。
- ●ゲームはチームで取り組み、各メンバーは異なる機能の責任者となります。
- ●ゲームはラウンドごとに意思決定をすることで進行し、各ラウンドは6カ月に相当します。
- ●ゲームの設定、進行のタイミング等は、通常そのコースの講師が取り決めて皆さんに伝達することになります。

この章の残り部分では以下の内容を扱います。

- ●シミュレーション紹介
- ●TFCの開始時点の状況分析
- ●ラウンド1において考えるべきこと

　ところで、第2部は多くの大学等の教育機関で使われるであろうゲーム設定に基づいて記述されています。よって、皆さんが参加するコースでのゲーム設定は、こ

の本に書かれているものとは若干異なるかもしれません。実際に異なっていたとしても心配することはありません。この本で扱われる内容や演習問題、そしてふり返り等は違いにかかわらず価値がありますし、どのような設定のゲームにも適用することができるようになっています。

紹介：チーム・スーパージュース

　チーム・スーパージュースは学生により構成されていて、皆さんがこれからするのと同じような経験をしていくことになります。図6.1において示されているように、このチームは最初のラウンドにすでに取り組んでいるようです。

　第2部においてチーム・スーパージュースによる取り組みを詳細に見ていきますので、皆さん自身の取り組みのヒントになるでしょう。

図6.1　チーム・スーパージュース

図6.2　TFC 社オーナーの紹介

こんにちは、ボブです。TFC グループの
CEO 兼オーナーです。
私たちは、現在の市場の見通しそして将
来の成長予測にわくわくしています。
しかし、最近買収した企業の中の１社は
利益を上げるのに苦労しています。
皆さんには、ぜひ、業績の改善を助けて
ほしい。さあ、準備はよろしいですか？

紹介：ボブ・マクラーレン（会社オーナー）

　ボブ CEO は紹介ビデオを用意しています。まずはそのビデオをウェブサイト
（URL：https://www.youtube.com/watch?v=nqaa6tstEus；**図6.2** の QR コード）
から視聴してみましょう。ビデオから TFC 全体と現在の状況を知ることができ
ます。

　ビデオを視聴したのち、以下に続く説明を読んでください。

TFC：会社、ミッション、社歴

　会社と顧客：TFC 社はフルーツ飲料メーカーであり、商品を取引のある数社の
小売顧客に直接販売しています。もし事前に合意した仕様の商品在庫が十分にあれ
ば、翌日に出荷しています。

　商品：TFC 社の商品種類はそれほど多くなく、オレンジ、オレンジマンゴーと
いった味の種類を、異なるサイズのパッケージ、例えば１リットルパックや0.3
リットルのペットボトルに充填して販売しています。完成品の保存期限は製造から
20週間となります。顧客は、納品時の残りの保存期限が20週間の60〜80％（12〜
16週間）となるよう望んでいます。よって TFC 社は、20週間の20〜40％、つま
り製造後４〜８週間以内に顧客に納品する必要があります。保存期限が切れた場合

は、残念ながら廃棄するしか方法はありません。

商品の保管と流通：TFC 社の商品はパレットにて完成品倉庫あるいは外部倉庫に保管されます。出荷まで、あるいは廃棄されるまでそれら倉庫に保管されます。TFC 社は顧客の配送センターまで運ぶ手段を持たないので、外部の信頼できるパートナー企業に配送を依頼しています。

製造工程：TFC 社は自社で販売する商品すべてを自社で製造しています。フルーツ飲料はミキサーで混合された後、ただちに容器に充填されます。混合と充填工程は TFC 社が保有しています。パッケージサイズが異なっていても同じ製造工程で充填されます。

原材料：完成品は大きく容器と濃縮果汁（搾汁）の2つの構成要素に分けられます。シミュレーションで表示される原材料の構成を示す表には、完成品に使われている中身と量が示されています。特有のフレーバーを作り出す果汁や果肉の比率と、加える材料のレシピは、100年以上も守られてきている企業秘密となります。

サプライヤー：原材料はサプライヤーから調達します。包装材料は地元あるいは域内のサプライヤーから購入します。濃縮果汁は流通業者あるいは世界中の生産者から購入します。サプライヤーはそれぞれ、会社の大きさ、価格、リードタイムや信頼性など様々な点において異なります。

原材料保管：TFC 社に納入された原材料は常にすぐ生産に使用されるとは限りません。よって TFC 社は原材料を一時保管すること、そしてそのための原材料倉庫を保有する必要があります。包装材料はパレットで運び込まれ倉庫に保管されます。濃縮果汁でもドラム缶あるいは IBC（Intermediate Bulk Containers の略：1000リットルの搾汁が入る小さなタンクで、パレットと同じ面積を占有する）で搬入されたものは同じ倉庫で保管します。タンクローリーで納品された濃縮果汁はタンクヤードにポンプで送られます。フルーツ飲料よりは長いですが濃縮果汁にも保存期限があります（水で薄めると保存期限は極端に短くなります）。いったん保存期限を過ぎてしまうと廃棄されることになります。

チームと役割：チームの仲間とともに、皆さんは TFC 社の経営に責任を持つことになります。皆さんが正しい決断を下せば、会社を赤字から救えます。実際のところ、TFC 社はあまり上手くはいっていません。赤字であり、顧客企業からはサービスの悪さを厳しく指摘され、倉庫は在庫であふれかえっています。端的に言え

ば、とにかく何か手を打たないといけない状況です。皆さんは TFC 社を救うことができるでしょうか？

　各メンバーには購買担当役員、オペレーション担当役員、営業担当役員、そしてサプライチェーンマネジメント（SCM）担当役員の役割が割り振られます。メンバーは役割に応じた責任を持つと同時に、その責任範囲において意思決定をすることができます。しかしながら、かつて偉人が「ともに歩めば孤独にあらず」と言ったことを思い出しましょう。メンバー間で協力をすることが TFC 社を赤字から救う鍵となります。

　購買担当役員は原材料の購買に責任を持ちます。供給条件や価格についてサプライヤーと交渉をし、既存の契約を打ち切りにして新規契約を結んだりもします。購買担当役員は非常に重要な役割です。魅力的な取引条件、低い価格、高い信頼性を提供してくれるサプライヤーと契約することで、購買コストを低く抑えることができ、総在庫コストも低く抑えられ、製造ラインへの原材料供給を確実にすることができます。

　オペレーション担当役員は製造設備と倉庫に関しての責任を負います。業務シフトを調整しながら同時に従業員の教育も管理します。また倉庫の大きさや従業員数にも関与します。オペレーション担当役員の意思決定はチームの成績に大きな影響を与えます。生産設備に十分な対応能力を持たせておくことで、製造コストは低く、信頼性は高く、そして欠品することなく最終的な製造コストを適切に管理することが可能となります。

　売り上げは**営業担当役員**の責任です。顧客と販売条件について交渉をします。サービスレベル、販促圧力、販売数量に伴うリベート等が交渉内容となり得ます。営業担当役員は極めて重要なポジションであり、その交渉力によって TFC 社が他の条件を守りさえすれば、顧客はより高い価格で商品を買ってくれる可能性があります。そして、高い販売量は高い利益を得るために必要な発射台のようなものです。

　サプライチェーンマネジメント（以下、SCM）**担当役員**は他の役割と役割をつなぐ接着剤として機能します。SCM 担当役員はサプライチェーン戦略を考案し、詳細な在庫計画を練りながらチームにおいて決定的な役割を担います。顧客との約束を守るためには、あまり信頼性の高くないサプライヤーや生産設備からの悪影響を防ぐために、戦略的視点から安全在庫を配置するといった決断をすることもでき

ます。

　個々のチームメンバーは、個別に意思決定をすることができますが、チーム全体
として良い結果を得るためには、より良い戦略が必要となります。営業担当役員が
高いサービスレベルを顧客に約束している一方で、SCM 担当役員は在庫削減を実
行している、というのは悪い例であり、あまり勧められません。このようなことに
ならない為に常にお互いに議論することがとても重要となります。

　ゲーム操作：TFC においてはいくつかのラウンドを経験することになります。
各ラウンドは半年間に相当します。ラウンドの最初にすべきことはまず現状を分析
することであり、その後に意思決定をすることになります。ラウンドが終了する
と、ただちに計算が実行され、状況は半年後へと一気にジャンプします。その後、
計算の結果を解釈・分析し、サプライチェーンの原理原則についての知識も使って
状況を理解します。その後、同じサイクルをゲームが終了するまで繰り返します。
通常、ゲームの複雑さはラウンドを重ねるごとに上がっていきます。つまり、ラウ
ンドが進むにつれて、より多くの意思決定が求められることになります。

　チームパフォーマンスの主な指標：それは ROI です。参加者である皆さんとチー
ムメイトにとっての目的はできる限り高い ROI を達成することです。言い換える
と、単に利益を上げれば良いというものではありません。投資を適切に管理してい
るかどうかも考慮されます。各ラウンド完了後、各チームの ROI は他チームの
ROI と比較されます。チームスコアと同時に、個々のスコアも表示されます。個々
のスコアはチームスコアとしては考慮されませんが、同じ役割の中でベストになる
ことは素晴らしいことです。毎回のラウンドにおいて個々のパフォーマンスを確認
することができますし、他のチームとの比較もできます。

　トレードオフ：TFC 実施中には数多くの意思決定をすることになります。個々
の意思決定には必ずトレードオフが伴います。つまり、ある意思決定は部分的には
良い効果をもたらしながら、別の部分では悪い影響をもたらすことになるのが常で
す。コツとしては結果を精査し、良い効果と悪い影響のバランスをとることです。
もしあるラウンドにおいてまったく意思決定をしなかった場合は、前のラウンドで
の意思決定がそのラウンドの意思決定として使われます。

　戦略と戦術：TFC は戦術的そして戦略的なゲームです。ROI のように意思決定
がもたらす長期的な効果に対して評価が下されます。このことは、長期的な目標を

意識してビジネスを運営する必要があることを意味します（あたかも意思決定が今後数年間にわたって効果的であるように考えましょう）。長期的な効果という視点から結果を評価するということは、前のラウンドにおける不適切な意思決定によって今現在のラウンドのパフォーマンスが良くないとしてもあまり気にすることはないということです。前のラウンドでの意思決定や結果を気にすることなく、すべてのラウンドにおいて新しい意思決定でビジネスを再構築することができるという利点があります。しかしながら当然ではありますが、良い結果につなげるためには前のラウンドの結果を詳細に分析することが必要となります。

原理原則について再び

　第1章では多くの概念について言及しました。それらのいくつかについて再度考えてみましょう。まず最初に**定義**について説明をしました。そして勘違いを防ぐためにも、他人との共同作業には定義の明確化が特に重要となることも説明しました。TFCにおいては多くの専門用語を目にするでしょう。それらのいくつかは明確で単純で分かりやすいかもしれませんが、なじみがないものもあるでしょう。その様な場合、それらの意味を単純に推察したり勝手に仮定を置いたりすることは避けましょう。現実の生活と同じで、分からないことがあればそれを表明して質問しましょう。TFCにおいては、画面中の言葉の横にある①マークをクリックすれば意味を知ることができます。

　次に、サプライチェーンの範囲について、何段階までサプライチェーンの上流側をのぼっていき管理すべきか、そして下流側は何段階までを範囲とするか、について質問を投げかけました。TFCにおいては会社が大きなトラブルに陥っていることから、まずは直接取引のあるサプライヤーと顧客のみを対象とします。切迫した問題を解決し業績が安定したならば、ただちに対象範囲を広げることになるでしょう。ただ当面は1段階上流（直接取引のあるサプライヤー）と1段階下流（顧客）の範囲を対象とします。

　第1章で、サプライチェーンにおいて**企業規模が時として重要**となることを説明しました。TFCにおいてはこの点は重要で、例えば交渉時や共同作業のプロジェクトを検討する場合に影響が出てきます。顧客のすべてが同じ規模ではなく、同様

にサプライヤーも同じ規模ではありません。何社かはTFC社にとって特に重要であり、同時にTFC社は何社かにとってはとても重要で、このような依存関係は相互の関係性に影響を与えます。TFC社のサプライチェーンに関係するすべての会社についての詳細な情報を見ることができますので、このような視点から分析することも忘れないようにしてください。

　第1章の最後では**サプライチェーンの構成要素**として、統合ロジスティクスコンセプトについて4つの異なる要素を紹介しました。

- ●**物理的インフラ**　TFC社の物理的ネットワークは**図6.3**に示されているとおり非常に単純です。サプライヤーはTFC社に原材料を納品し、それらは生産（混合と充填）にまわされ、顧客に届けられます。
- ●**計画と管理**　TFC社においては、新しいマネジメントチームは適切な計画と管理、そしてチームとしての意思決定の方法、例えばどの情報を分析し、どの指標や目標を使い、チームとしてどう足並みをそろえるか、と言ったことに責任をもって決定することが求められます。
- ●**情報および関連する情報システム**　TFC社の場合、いつでも必要な時にERPを活用することができますが、情報システムを選ぶことはできません。ERPはオープンに使うことができ、チームメンバー全員がシステムのすべての部分にアクセスすることができ、他の部門に関するすべての画面、レポートを見ることができます。しかしながら、実際に入力したり変更したりできるのは自分の責任範囲に関するものだけとなります。多くのシステムと同様、ERPシステムには大量のデータが保管されています。それらのデータには現在直面している問題に直結しているものもあれば、長期間にわたってほとんど使われないものもあります。また同時に、これも多くのシステムに共通することですが、必要なデータが入手できない、あるいは、入手できるけれどもあまり詳細でないこともあり得ます。現

図6.3　TFC社のサプライチェーン

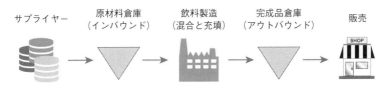

| サプライヤー | 原材料倉庫
（インバウンド） | 飲料製造
（混合と充填） | 完成品倉庫
（アウトバウンド） | 販売 |

実にそのような状況に直面した時と同様、あるものでなんとかするしかありません。

●**組織体制**　TFC 社の場合、参加者が責任を持つのは 1 つの工場の運営です。つまり、本社か支店かということは考慮しなくてよいことになります。各メンバーはそれぞれの機能別役割（営業、オペレーション、SCM、購買）に責任を持ちます。さらにチームは問題をどのように解決するかを、単に 1 つの機能の視点からだけでなく、全社的な企業戦略や機能間の連携を考慮して決定すべきです。この点は前に説明した計画と管理に密接に関係しています。

TFC 社の何がいけないのか？

初期状況を 1 つ 1 つ分析する方法

これまで説明してきたように、TFC 社は大きな問題を抱えている会社です。皆さんはチームメイトとともに新しい役員メンバーとなり、財務状況を好転させ利益を生み出すようにしなければいけません。企業を好転させるプロセスは、まず現状を正確に把握することから始めていきます。観察を基本としながら状況を好転させる是正措置を決めることになります。

演習問題 **6.1**

TFC 社の初期状況分析

以下のページにおいて、分析のための手順を 1 つ 1 つ説明していきます。改善していくのに何をすべきかを最初に説明した後、シミュレーション画面や提供される情報についても紹介します。説明に沿って実際に分析してみましょう。

この本の冒頭にある「各章の構成ガイド、ウェブ上の情報リソース、TFC ビジネスシミュレーションゲームへのアクセス」にあるように、コースコードをゲームポータルに入力してください。最初は、自分の責任範囲（営業、オペレーション、SCM、購買）における情報の分析に集中してください。特にステップ 1 – 4 においてはそうしてください。ステップ 5 においては、皆さん自身による観察結果や結論、提案をチームメイトと相談するようにしましょう。そうすることで、統合され

た分析方法をとることができます。別のスクリーン中に表示されるレポートにある情報は過去6カ月のパフォーマンスを示します。

　この後示される5つのステップはTFCにおける初期状況を詳細に把握することに役立つでしょう。そしてステップ2−5は毎回のラウンドで役に立つことでしょう。

ステップ1：サプライチェーンの物理的インフラと流れ

　第1章において、いくつかのサプライチェーンマッピングの種類とそれらからはっきりと全体像を把握する重要性を説明しました。1枚の紙を使って、あるいはパワーポイントを使って、TFC社の**ネットワークフロー図**を描いてみましょう。その図はおそらく**図6.4**に示されたチーム・スーパージュースによる図と近いものになっていることでしょう。

　図には以下の要素を含んでいることが必要です。

● 5つの原材料とそれぞれのサプライヤー
● 1つの原材料倉庫と、その倉庫が満杯でさらにサプライヤーから引き続き原材料が届く場合に活用する1つの外部倉庫
● 原料を混合する混合ライン（1つ）
● フルーツ飲料をパッケージ（1リットルカートン、あるいは0.3リットルペット

図6.4　TFC社のサプライチェーン（ネットワーク）

チーム：スーパージュース

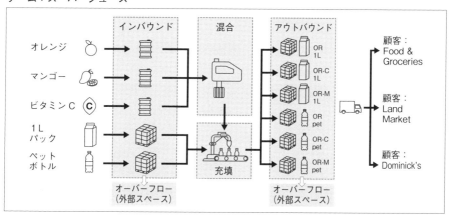

ボトル）に充填する充填ライン（1つ）

●完成品倉庫と、完成品倉庫が満杯の場合に使用する外部倉庫

●6種類の完成品（3種のフレーバー×2種のパッケージ＝6SKU）

●顧客（3社）

ステップ2：前担当役員らによる意思決定はどのようなものだったのか

ボブCEOとその共同経営者によると、前担当役員らによる度重なる誤った意思決定の結果、会社は今のような悲惨な状況にまでなってしまったようです。2つ目のステップとしてすべきことは、そのような状況がどのような意思決定によって引き起こされたのかを把握することです。担当のスクリーンから関係するタブをクリックし、意思決定に関する情報（**図6.5**）を分析しましょう。

ステップ1で作成したマップと情報とを照らし合わせ紐付けてみましょう。例えば**図6.6**にあるように、役割別に整理してみましょう。

図6.5　TFC画面：意思決定の部分

意思決定画面

営業	オペレーション	SCM	購買
タブ： ・顧客との契約交渉 ・注文管理（優先ルール）	能力管理用タブ： ・インバウンド倉庫業務 ・混合 ・充填 ・アウトバウンド倉庫業務	計画用タブ： ・原材料 ・製造 ・完成品	タブ： ・サプライヤーとの契約交渉

図6.6　過去の意思決定：意思決定画面で分析する項目の例

チーム：スーパージュース

営業	オペレーション	SCM	購買
顧客ごとの分析： サービスレベル契約値 保存期限％契約値 契約取引単位 契約注文期限 現状の契約指数 …	安全在庫計画値（原材料） ロットサイズ計画値（原材料） 安全在庫計画値（完成品） 製品別製造間隔計画値 …	原材料倉庫（ロケーション数） 原材料倉庫（常勤換算数） 充填のシフト数 完成品倉庫（ロケーション数） 完成品倉庫（常勤換算数） …	サプライヤーごとの分析： サプライヤーのロケーション 納期 配送信頼性 取引単位 原材料の品質 現状の契約指数 …

　注意点ですが、営業と購買においては顧客やサプライヤーによって取り扱い品目が異なることがありますので、個別に分析する必要があります。

　マップは徐々に情報で埋められていくことになります。

ステップ３：前回の意思決定によりどうなったか

　前担当役員らによる当初の目論見と実際の結果に大きな乖離があることは十分に考えられます。よって次のステップとして実際の結果についての分析をすることになります。関連するタブをクリックし、スクリーン左下にあるレポート（**図6.7**）を分析しましょう。

　そこでは多くのレポートを見ることができ、重要な情報に触れることができます。いろいろなレポートを見てみましょう。そうすればどのような情報が入手可能なのかを知ることができます。ステップ１で作成したマップと情報を関連させマップ上に書き込みましょう。役割別に整理すれば例えば**図6.8**のようになります。

図6.7　TFC 画面：レポートの部分

レポート画面

営業	オペレーション	SCM	購買
レポート： ・顧客 ・製品 ・顧客―製品 ・製品―顧客 ・財務	レポート： ・倉庫 ・混合と充填 ・財務	レポート： ・原材料 ・製品 ・財務	レポート： ・サプライヤー ・原材料 ・財務

図6.8　過去の結果：レポート画面上での分析項目例

チーム：スーパージュース

営業	オペレーション	SCM	購買
顧客ごとの分析： サービスレベル実績値 保存期限％実績値 奨励金／違約金（EUR） 顧客別売上（EUR） 顧客別需要（個） …	平均在庫水準（原材料） 在庫水準の変動（原材料） 平均在庫水準（製品） 在庫水準の変動（製品） 製品ごとの保存期限 切れ 充填ラインの稼働率 …	稼働率原材料倉庫 稼働率の超過原材料倉庫 臨時職員原材料倉庫（常勤換算数） 稼働率完成品倉庫 稼働率の超過完成品倉庫 臨時職員完成品倉庫（常勤換算数） 充填ラインの稼働率 …	サプライヤーごとの分析： 配送信頼性実績値 不合格判定率 購買額（EUR） 週当たりの需要（個） …

ステップ4：意思決定と結果の差—ギャップ分析

　目論んでいた成果と実際の結果の主な差について分析します。すでに完了しているステップ2（過去の意思決定）とステップ3（過去の結果）の成果を照らし合わせて考えることにより、大きな問題の所在について考えをまとめることができます。何がどのようにして起きているのでしょうか？

　この段階において、より包括的な全体像を把握する為に、TFC社のサプライチェーンの**ジオグラフィカルフロー図**を作成するといいかもしれません。小売企業の顧客はTFC社と同じ国（オランダ）に位置しています。サプライヤーの場所についての情報は、購買の意思決定スクリーンで、サプライヤー名称の横にある①マークをクリックすると見られます。TFC社とサプライヤーを結ぶ線の太さを、取引量に従って調整してみてもいいかもしれません。

演習問題　6.2

会社を変化させていくための最初のアクションを決定しましょう

決定

　状況把握のための最後の段階として、これまでに分かったことから対策を決めましょう。

ステップ5：何をすべきか—アクションプラン

　個々の気づきや準備した提案を持ち寄りチーム内で共有しましょう。共有することで会社の全体的なパフォーマンスについて完全で包括的な洞察を得ることができ、また現在の損失の原因に当たりをつけることも可能となるでしょう。マップを見直し個々の観察を確認していきましょう。

●予定とは異なる結果になってしまったと思われる部分に気が付いたら、例えば赤色でマークをしましょう。

●マークしたそれぞれについて、現状を良くしていくにはどのような対策が必要と考えますか？営業、オペレーション、SCM、購買といった機能別に書き出しましょう。

図6.9　テンプレート：診断に基づく考察とアクションプラン

チーム：スーパージュース

部門・領域	考察	アクションプラン
営業	・全ての顧客から違約金 ・低い配送信頼性 …	サービスを落として合意するか、パフォーマンスを高めるか（オペレーションとSCMにどうするか要確認）…
オペレーション		
SCM		
購買		

　注意点ですが、**具体的な対策**を立てることを心掛けてください。よくある失敗に、是正するための策ではなく、単にこうあって欲しいという結果だけを書いてしまう場合があります。例えば、実際のサービスレベルがあまりに低いという場合、「サービスレベルを向上させる」を対策として書くのは避けましょう。なぜならば、この表現は具体的にどう向上させるかといった対策ではなく、単にこうあってほしいという願望を描写しているに過ぎないからです（サービスレベルを向上させるには様々なステップがあります）。**図6.9**はチーム・スーパージュースが使っているテンプレートです。

TFC ゲームプレイ：知っておくべきこと

　会社の初期状況についての分析を完了してしまえば、ゲームを開始する準備はほぼ整ったことになります。しかしながら、TFC社のサプライチェーンを実際に運営する前に、今一度TFCゲームについて考えてみましょう。多くの場合、同じ学校や大学に所属している学生が複数のチームを編成して同じゲームに取り組みます。講師は科目の目的を考慮した上でゲームの詳細な設定、つまりどのラウンドでどのような意思決定をさせるかを決定します。

　授業の運営には多くのバリエーションがあります。すべてのゲームを授業時間内に教室で実施し、講師が直接皆さんに対してゲームの説明をして、質問もその場で

受けるといったやり方もあるでしょう。あるいは、すべてのゲームは授業時間外に
実施し、講師はあらかじめ決められた時間にフィードバックを返したり質問に対応
したりする、といったやり方もあるでしょう。さらには、それらを織り交ぜた方法
もあるでしょう。いずれにせよ、どのように授業を運営するかは講師が決めるべき
ことであり、その決定には時間、科目の目的などが考慮されます。通常であれば科
目開始前に皆さんに相談があるでしょう。

　どのような方法が選ばれても進行手順はほぼ同じ、第1章で説明したようなコル
ブの学習サイクルに従ったものとなるでしょう。

1　全員で現状の詳細な分析をする。

2　意思決定をシミュレーションゲームに入力する。

3　講師がラウンドの終わりを宣言し、結果を計算する。

4　結果をふり返りながら、演習問題も補完的に実施することで、ふり返りを概
　　念としても理解する。

5　ステップ1に戻り、新しいラウンドの詳細な分析をする。

　ただし、以上に示したステップには多少並行して実行するものもあります。また
各ステップは PDCA（plan-do-check-action）サイクルの Check を起点とするよ
うな継続的改善活動のフレームワークに従って実行されます。ステップ4のやり方
は授業ごとに多くの違いが見られるでしょう。ステップ4では原因と結果、および
参加者自身の活動を分析することを目的として系統だったふり返り学習が行われま
す。ゲームに没頭している自分から少し引いた立ち位置をとり、少し距離を置きな
がら何が起きたのかを冷静に観察するということをします。もし上手くいけば、結
果に影響を与える要因についてより深い理解をすることができ、学習を促進するこ
とが期待できます。

　参加者の人数にもよりますが、講師が各参加者へ、ふり返りで考えた内容や概念
をフィードバックとして全員に共有するよう促すことはよくあります。これはぜひ
覚えておいてほしいのですが、そういったふり返り、そしてそれらを新たな意思決
定に活かしたときに本当の学びを達成することになります。

　ゲームにおける意思決定について若干の補足があります。オペレーションと
SCM の画面においては数多くのタブがあり、それぞれは異なる機能範囲において

意思決定が必要であることを示しています。

● **オペレーションには以下のタブがあります**
　○インバウンド（入荷）
　○混合
　○充填
　○アウトバウンド（出荷）
● **SCM には以下のタブがあります**
　○原材料（原材料の安全在庫とロットサイズ）
　○製造（生産計画の確定期間）
　○製品（完成品の安全在庫と製造間隔）

　基本的に、それらのタブにおいては1つあるいはそれ以上のパラメーター値を必要に応じて変更し、「保存」ボタンをクリックして保存する必要があります。正しく保存されなかった意思決定（パラメーターの値）は計算に使われません。よって皆さんの意思決定が正しく保存されたかどうかを確認するようにしてください。以下に続くページと各章で、いくつかのスクリーン画面が多少定型化された形で示されます。それらスクリーン画面はイメージを図示するために使われますが、将来の画面デザイン変更にも対応できるよう定型化されています。

　購買と営業におけるほとんどの意思決定はサプライヤーと顧客との交渉に関するものとなります。交渉は個々のサプライヤー、個々の顧客とそれぞれ行います。交渉を始めるには、顧客あるいはサプライヤーの画面にある「はい」ボタンを押すと交渉画面に進みます。交渉画面には、交渉対象となる契約に関するパラメーターと**契約指数**とが表示されています。契約指数とは、顧客からあるいはサプライヤーへ支払われるべき価格を示す指数です。

　もし指数が高くなれば、価格は高くなることになります。低くなれば価格は低くなります。もしある特定の契約のパラメーターを変化させたい場合、交渉画面における該当する部分で変更をすることができ、さらに「算出する」ボタンをクリックすることで新しい契約指数を確認することができます。これにより価格の違いが明らかになります。新しい価格が受け入れられるものであれば、「合意する」ボタンを押すことで契約指数の更新を反映することができます（**図6.10**）。

図6.10　交渉画面（営業担当の例）

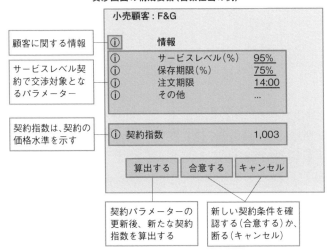

　購買の契約指数は原材料の「基本価格」に対して、また販売の契約指数は標準の「販売価格（小売価格）」に対して適用されます。それら基本的な価格は「Information」タブに示されています。例えば、ある顧客との契約指数がサプライヤーとの契約指数より低いとしても、それは常に損失を出していることを示しているわけではありません。それぞれの指数は異なる数値に乗じて使われることを覚えておいてください。

　また、4つのすべての役割においてすべての意思決定はラウンド中であれば何度でも取り消したり、変更したり、やり直したりといったことが可能です。ラウンド完了時点で入力されていたパラメーターの値が、そのラウンドの計算に実際に使われるパラメーター値となります。

　TFC社のカレンダーは**営業日ベース**となっています。つまり1週間は5日間です。これはサプライヤーからのリードタイムにも当てはまります。もしリードタイムが1週間より長い場合は、営業日の日数で表現されます（例えば、30日というリードタイムは6週間を意味します）。

まとめ

最初の章では TFC 社と会社が抱える問題について知ってもらいました。そして、皆さんはチームメイトと供に１つ１つ分析を重ね、最初のラウンドにおいて変化を起こすにはどうすれば良いのかを考えてきました。

次章以降の４つの章で、探求の旅を続けていきます。サプライチェーンマネジメントのビジネス、テクニカル、そしてリーダーシップの各側面について、グローバルな複雑性に対する統合的な視点も含めて再び立ち戻り、それらを TFC 社のケースに適用していきます。それぞれのトピックにおいて、チームメイトと共にまず現状を知り、とるべき選択肢について検討し、何を実行するかを意思決定していきます。すべての演習問題はこの分析と意思決定の手順に従うことになります。各章の終わりの部分では、その章のトピックをまとめてふり返ります。

演習問題　6.3

ゲーム中におけるチームとしての作業についてふり返りましょう

ふり返り

　ゲームが開始し、皆さんはチームとして最初の状況分析をし、意思決定に向けたアイデアを固めたとしましょう。その後は、この章で紹介したステップ１から５のように、第７章から第10章までのトピックにあるような分析や意思決定が各ラウンドにおいて繰り返され、前のラウンドでの結果を考慮しつつ次のラウンドへの意思決定をしていくことになります。つまり、今後ゲーム中に皆さんがどのようにチームとして振る舞うか（時に時間のプレッシャーを感じながら）、をふり返っておくことが重要となります。今、そのふり返りをしてみましょう。

講師は通常ラウンド中にアドバイスをしてくれますし、さらにラウンドごとに何に気を付けるべきかについて助言をくれることでしょう。各章における演習問題も助けとなるでしょう。現実がそうであるように、企業は存続し続け、意思決定は過去の結果に合わせながら常に更新されます。もちろん全てが現実と同様というわけ

ではありません。現実社会では企業戦略とサプライチェーン戦略は戦略的レベルで
ごくたまに意思決定されるのみですし、また全体の S&OP に関する設計も通常で
あればいったん決定して実装した後は、時間とともに徐々に修正していくのみ、と
いったところが現実と TFC の相違点です。

　第6章で説明した概要によって TFC 社で何が問題となっているかという背景は明確になったと思います。この章では TFC 社のサプライチェーンにおける「ビジネス」の側面についてより詳しく分析し、その原理原則への理解を深めていきます。**図7.1**の内容は第2章で紹介したものです。以下では、この中から競争戦略、顧客と提供価値、サプライチェーンと企業財務の3つの項目に焦点を当てます。

　12ページの**図1.2**で示した統合ロジスティクスコンセプトからも見て取れるように、こうした内容をまとめることで、適切なサプライチェーンを定義するための主要な情報を得ることができます。

図7.1　サプライチェーン（SC）のビジネス面に関するトピック

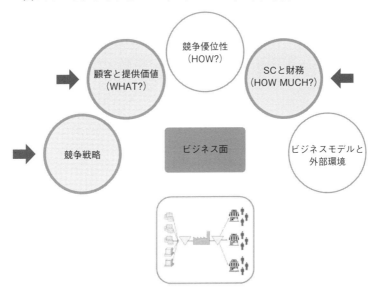

競争戦略

TFC社における競争戦略の意味をここで簡単に説明します。TFC社が提供しているフルーツ飲料は同じ業界の他社との比較で、品質的に十分な競争力を持った製品であり、同時に、異なる市場セグメントの期待にも応えられると仮定します。第2章で紹介したポーターの競争戦略に立ち返りますが、ここでは議論を簡単にするために、ニッチ戦略を一旦脇において、**コストリーダーシップ**戦略（低コスト）をとるのか、**差別化**戦略をとるのかに絞って考えることにします。TFC社の場合でいうと、これらは発注の柔軟性、配送信頼性や製品の新鮮さといった面での選択を意味します。トレーシー＆ウィアセーマのフレームワークを用い、低コストに焦点を当てる**オペレーショナル・エクセレンス**戦略と、顧客にストレスを与えず、新鮮な製品を柔軟性高く届けるための総合的なサービスを提供することに焦点を当てる**カスタマー・インティマシー**戦略のいずれを選択するか、というように説明すると分かりやすいかもしれません。

ここから分かることとして、第2章でも述べたとおり、競争優位性に最も大きな影響を与えるのは「核となる製品」そのものよりも、むしろその周りを取り囲む製品・サービス環境であるということが言えます。もし皆さんがより良いサービスを提供すれば、顧客である小売企業は、その飲料により高い対価を支払うことを厭わないでしょう。逆に皆さんがサービスを簡素化すれば、顧客が支払う対価は低くなります。

演習問題 7.1

競争戦略に関する分析と意思決定をしましょう

分析

この段階では実際の市場分析はできないので、チーム内でコストリーダーシップ戦略（オペレーショナル・エクセレンス戦略）によって低コストを追求する戦略、差別化戦略（カスタマー・インティマシー戦略）によってフルサービスや品質を追求する戦略など、戦略に関してどういう態度をとるか分析しましょう。もしチームとして好む戦略があれば、その理由について考えましょう。

決定

> **決定**
>
> 　チームとしてコストリーダーシップ戦略（オペレーショナル・エクセレンス戦略）によって低コストを追求するのか、それとも差別化戦略（カスタマー・インティマシー戦略）によってフルサービスや品質を追求するのかという競争戦略について決定しましょう。

　このどちらの基本戦略をとったとしても、その戦略が徹底的に実行され、サプライチェーン全体としてつじつまの合った運用がされれば、シミュレーションの結果、高い投資利益率（ROI）を得ることができるということに気づいて欲しいと思います。デスメット（DeSmet, 2018）も次のように述べています。

　　同じ目標を達成するためであっても、異なる戦略は異なる方法を導き出す。オペレーショナル・エクセレンスに優れた企業はより低い利幅で働くが、それをより高い投資効率で埋め合わせようとする。製品戦略で優れた企業はより良い製品で顧客を獲得するために多くの投資を行うが、この投資を高い利幅によって埋め合わせるよう努力する。このように、異なる戦略には異なるレベルの複雑さがあり、いずれにも成功を勝ち取るチャンスがある。

顧客と提供価値

　TFC 社には 3 つの異なる顧客企業がいます。営業担当役員の役割を割り当てられたプレイヤーはすでにご存知だと思いますが、これらの顧客企業は皆同じではありません。会社の規模（店舗数、リットル単位で見たときの飲料の販売量）、立地や市場占有率などすべてが異なっています。それだけでなく、企業自身の掲げる戦略という意味でも異なるのではないでしょうか？一部の企業はコストリーダーシップ戦略に従い、一部は差別化戦略、あるいはニッチ戦略に従っているかもしれません。ただし、ここで言う戦略は飲料を購入する一般消費者に対する戦略を指します。ゲーム画面では、営業画面において顧客名の隣にあるⓘマークをクリックすると、顧客である小売企業に関する詳しい情報を得ることができます。

　他にも、小売企業はそれぞれに異なる競争戦略をとっていますので、商談の中で

提案する条件に対して異なる反応を示すだろうと言うことを覚えておいてください。現実社会と同様に、シミュレーションゲームにおいても、各企業はおそらくサービスレベル契約の様々な項目に敏感に反応すると考えられます。例えばある顧客企業は、サービスレベルが2%上がるのであれば、その対価として飲料1リットルあたり4%上乗せして支払っても良いと考えるかもしれません。一方で恐らく、競争戦略との兼ね合いで、サービスレベルの向上にはほぼ関心がないため、同じ条件を提示しても1%しか上乗せしたくないと考える顧客企業もあるでしょう。

演習問題 7.2

顧客の選好を分析し、提供価値に関する決定を行いましょう

分析

　ゲーム上で顧客と商談を行う時、営業の契約条件に含まれる項目は同じですが、それぞれの顧客でパラメーターの値は大きく異なります。

● それぞれの顧客の契約条件タブにある顧客名の下、「情報」（あるいは info）の ⓘ マークをクリックし、3つの顧客の詳しいプロフィールを開いてその内容を比べましょう。

● プロフィールで見つけた情報に基づいて、それぞれのパラメーターに対して各顧客がどのように反応するか考えてみましょう。図7.2に契約条件の画面例を示しています。各小売企業が商取引上の戦略を追求する上で、どの契

図7.2　TFC画面：営業の契約パラメーター（1顧客の例）

顧客：F&G	
ⓘ 情報	
ⓘ 契約指数	1,003
ⓘ サービスレベル（%）	95%
ⓘ 保存期間切れ	75%
ⓘ 注文期限	14:00
ⓘ 取引単位	積層パレット
ⓘ 支払条件（週）	4週
ⓘ 販促圧力	ミドル
ⓘ 交渉する	はい

約条件パラメーターがより重要だと考えますか？それはなぜですか？

決定

得られた考察をもとに顧客にどのような提案を行うかを決定しましょう。

サプライチェーンと企業財務

シミュレーションゲームに触れた人はもう既にご覧になったと思いますが、TFC の ERP システムには「Finance」というタブがあり、ここでは**図7.3**のような財務情報を確認することができます。

この財務情報について、第2章で述べた4つの概念に焦点を当てて説明します。

● **収入と支出（損益計算書）**　ERP システム画面、左側真ん中部分に損益計算に関連する情報がまとめられています。売上高から始まり、その下に全ての支出情報が記載されます。この情報を詳しく分析することによって損益の構造を知ることができます。直近2期分の情報を比較することによって、1期前にとった経営的な意思決定が財務にどのような影響を及ぼしたかを知ることができます。

● **所有と借入（貸借対照表）**　TFC の財務情報は、貸借対照表の資産の部に注目し、負債の部については大きく取り上げません。なぜならば、ボブ CEO やその他の

図7.3　TFC 画面：財務情報

投資利益率 ROI （全体 ROI）	前回ラウンド の結果 （6 カ月）	前々回 ラウンドの 結果 （6 カ月）	前回と前々回 ラウンド間の 差異
収入と支出 （損益計算書の詳細）			
所有 （資産の詳細）			

オーナーは財務分析の責任を持つのは自分たちであり、従業員にはビジネスそのものに時間と労力を十分に費やしてほしいと願っているからです。示されているのは、固定資産や機械（資産、工場と設備）、在庫（たな卸資産）、支払条件による投資の結果です。

●**運転資本**　TFC の財務情報は、貸借対照表において負債よりも資産側に焦点を当てているため、貸借対照表と運転資本には大きな重複があります。上で述べたように、在庫と、ある期における投資結果はホーム画面の「Finance」から財務情報を見ることで確認できます。

●**投資利益率（ROI）**　財務情報画面（Finance）の上方には ROI が示されています。これは実に強力なパフォーマンス指標で、企業の業績を総合的に見るため、損益計算書の結果と投資結果を統合的に扱います。この指標はまた、まったく同じ市場環境でシミュレーションゲームを行っている他のチームとの客観的な業績比較を可能にします。

演習問題　7.3

財務内容と ROI を分析し、この情報をどのように活用するかを決めましょう

分析

　どのような項目が含まれているかをしっかり理解できるように財務情報を詳しく分析しましょう。財務情報のほとんどの行は、ゲームの中でそれぞれの役割のプレイヤーが行った決定に直接的に関係しています。一行ずつ丁寧に内容を見て、そこに示されている項目とそれに関係していると考えられるゲーム内の決定について考えましょう。

　財務情報にあるどの要素が ROI に最も大きな影響を与えているのでしょうか？必要ならば売上原価、在庫（たな卸資産）、PPE など、第 2 章で紹介した財務的な指標のいくつかを見直してみましょう。ここから、意思決定においてどのような優先順位をつけると考えますか？スプレッドシートなどデータ可視化のソフトウェアを使うことで現在の財務状況のヒントを得ることもできるでしょう（**図7.4**の例のように）。

決定

これらの情報を次の期のゲームでの意思決定にどのように活かすか決定しましょう。

図7.4　データ可視化ソフトウェアを活用した損益計算書の数値分析

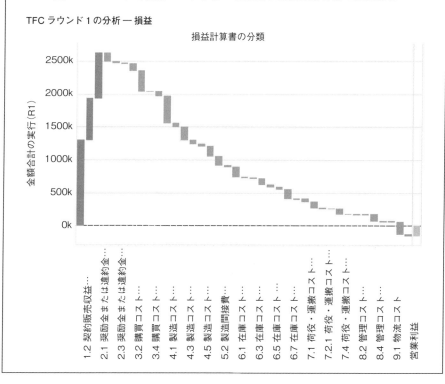

TFCラウンド1の分析 ― 損益

　各期のゲームを始める前に、この財務情報に戻って直近2期間の業績との違いを確認することを強くお勧めします。1つ前の期に行われた意思決定によって引き起こされている業績変化ですので、同じチームの仲間と共に、1行ずつその違いを説明できるはずです。例えば、ゲームの第2期の終了後に結果を見て、**原材料倉庫のパレットロケーションにかかる費用**が、第2期に80,000、第1期に100,000、その差分−20,000となっていたとします。私たちは、なぜ原材料倉庫におけるパレットロケーションにかかる費用が20,000減少しているのか、ということを説明でき

なければいけません。第2期に行ったどの意思決定がこの経費削減につながっているのでしょうか？パレットロケーションに関する意思決定は主にオペレーション管理者によって行われていますので、オペレーション担当役員がこの質問に答えるのが妥当でしょう。

この例では、1パレットにつき年額200または1期あたり100の費用がかかるという設定になっています。原材料保管にかかる費用の削減がこの場合20,000ですので、倉庫内の保管パレット数が200減少したという結論が得られるべきでしょう。オペレーション担当役員がそれを確認できなければいけません。プレイヤーの皆さんには財務情報のすべての行について、これと同じ考え方で1行ずつ理由を説明できることが求められます。

TFCの基本設定では、資本にかかる年間費用は15%、つまり、1期あたり7.5%かかります。これは在庫にかかる金利コスト計算に関連するものと考えてください（「在庫コスト」です）。

まとめ

これで図7.5中に灰色で示した内容である、サプライチェーンにおけるビジネス面に関する考え方をTFCに落とし込むことができました。

演習問題　7.4

第7章の内容をふり返ってみましょう

ふり返り

本章を適切に読み終え経験学習の学習サイクルの原則に従うため、図7.5に示されている各項目に戻り、それらから自身が学んだことをふり返りましょう。特に以下に関連する事項について考えてみましょう。

●**異なる原理原則と、それらが顕在化する現実の状況**：原理原則はどの程度きちんと理解できていますか、そしてそこに含まれるトレードオフを体感しましたか？次回同じことが起こったときにはどのような行動を取るでしょうか？

●**分析と意思決定の過程**：ここまでどのように分析を行いましたか？チームの中でどのように意思決定が行われましたか？また、合意形成にはどれくらい苦労しましたか？

●**チームの行動**：チームの各メンバーは積極的に参加していましたか？もしそうでないなら、なぜできないのでしょうか？何か工夫しましたか？

　物語がここで終わらないことは明らかですね。ここで得られた考察を次に適切に活かしましょう。次に学ぶのはテクニカルな面に関する原理原則をTFCにどう適用するかということです。しかし、ここで学んだビジネス面の考え方がそこでも深く関係していることを忘れないでください。

　サプライチェーンの原理原則の理解を深める旅は第8章へと続きます。第8章ではサプライチェーンのテクニカルな面に関する考え方を TFC へと適用します。

図7.5　ここまで TFC に当てはめてきたサプライチェーン（SC）のビジネス面のトピック

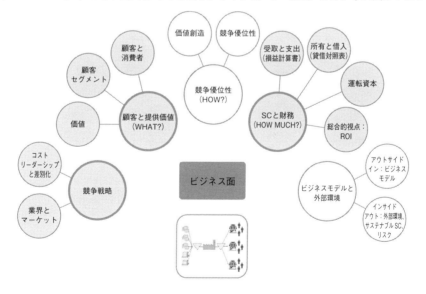

第8章 **サプライチェーンの
テクニカル面を習得する**

この章では、第3章でサプライチェーンにおけるテクニカル面の原理原則を探求した際に明らかになった、多くのトピックを取り上げることにします。ここでは、**図8.1**で示すように、テクニカル面の各概念を現実に応用する際に生じるたくさんの課題を見通せるようにするために、各概念をTFCビジネスゲームにつなげていきます。

また、第3章で示したサプライチェーンのテクニカル面での各要素について全体的な概念をもう一度取り上げながら、サプライチェーン戦略、物理的インフラ、計画と管理、情報および情報システムについて扱っていきます。

図8.1　サプライチェーンのテクニカル面に関するトピック

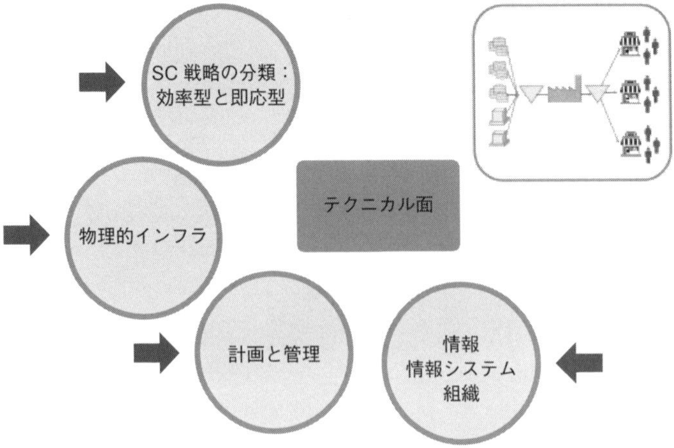

サプライチェーン戦略

効率重視型サプライチェーンか、あるいは即応型サプライチェーンか

　第１部では、サプライチェーン戦略の様々な分類について扱い、ある状況下で特定の戦略を選択する際に生じる根本的な問題を取り上げました。その際、予測可能性と不確実性は、サプライチェーン戦略の両端に位置する「効率型戦略」と「即応型戦略」のどちらを利用するかを決める上で非常に重要な２つの判断材料であると強調しました。また、ゲーム中の議論をしやすくするために、様々なサプライチェーン戦略の中でも両端に位置する２つの戦略のどちらか一方を利用することにこだわってみようとも述べました。そうすることで、他のすべてのサプライチェーン戦略をどこに分類できるかを明確に見分けることができるようになると考えられるためです。

　前の章で、皆さんはポーターの「コストリーダーシップ戦略」対「差別化戦略」フレームワークか、トレーシー＆ウィアセーマの「オペレーショナル・エクセレンス戦略」対「カスタマー・インティマシー戦略」フレームワークから企業戦略を決定するように求められました。どちらの戦略を採用したとしても、次に考慮しなければならないのは飲料事業に求められる「新鮮さ」と「柔軟性」を実現する為の品質水準とサービス水準です。選択された企業戦略は各部門に伝達され、部門ごとの方針を決定します。即ち、効率重視型の企業戦略を選択した場合には、多かれ少なかれ予測可能性と不確実性が生じ、その状況により適合したサプライチェーン戦略が選択されることになります。それでは次のステップとして、皆さんが選択した企業戦略を出発点とする、サプライチェーン戦略の詳細を決定していきましょう。

演習問題 8.1

サプライチェーンの分類を分析し、実行すべき戦略を決定しましょう

分析

　選択した企業戦略（コストリーダーシップ戦略、差別化戦略のいずれか）に対応するサプライチェーンの戦略を選択しましょう。それは、効率重視型戦略か、即応型戦略のどちらになるかを分析しましょう。

決定

　分析結果に基づき、**図8.2**のような表を使用して、部門ごとの活動方針を決定しましょう。

図8.2　テンプレート：サプライチェーンアクションへの企業戦略

チーム：スーパージュース　戦略：低コスト

営業	SCM	オペレーション	購買
サービスレベル↓ 注文期限↓ 欠品ルール	原材料 安全在庫 完成品 安全在庫	シフト数 パレットロケーション数 常勤換算職員数	配送可能時間枠 配送信頼性
保存期限 取引単位	製造ロットサイズ 購買ロットサイズ	シングル段取り（SMED） 速度向上	取引単位
支払条件	確定期間	入荷処理時間 予防保全 故障解決トレーニング 原材料検査	サプライヤー選定 支払条件 原材料品質 輸送モード

　図8.2で示した事例には、TFCの最も基本的な設定から得られる結論が多く含まれていることに注意して下さい。これは、選択したサプライチェーン戦略がどのような要素で構成されているかを理解するための出発点として役に立ちます。図8.2の例では、チーム・スーパージュースは効率重視型／低コストのサプライチェーン戦略を選択しました。この表からチーム・スーパージュースの各部門がどの方向に進もうとしているのかを読み取ることができます。例えば、彼らが選択した低コストのサプライチェーン戦略の場合、小売企業に約束するサービスレベルは、下矢印（↓）で示すように低くあるべきだと考えていますし、小売企業と合意する注文期限の水準も同様に低く抑えるべきだと考えているようです。

　表全体が完成したら、チームは選択した戦略を実装するためのより具体的な計画を作成します。戦略を施策に結び付けることで、各担当役員が意思決定を行うための状況がより明確になります。この行動の裏側には、次の節で詳しく取り上げることになるいくつかの想定がすでに含まれています。

　この表については、実際のサプライチェーンに当てはめられることがあと2点あります。

●1点目は、この表はチームの現在の知識を最大限に活用して作成されるということです。現実の世界と同じように、しっかりした完成版ができるまでには試行錯誤が必要かもしれません。矢印の向きは変更され、後で別の方向を指すようにな

るかもしれませんし、ゲーム中に得られる洞察によって完全に排除されるかもしれません。これは非常に素晴らしいことで、むしろ優れた会社で起こることです。すべての新しいプロジェクトには**継続的な発見**の要素があり、変更をためらう必要はありませんが、戦略マップは常に最新のものにしておくよう心がけて下さい。

●２点目ですが、作成された表ではどの程度「低い」かが明確に示されておらず、数値ではなく矢印で表示されています。これらの数値は、顧客、サプライヤー、製品毎に異なるので実装時に微調整されます。現実でも、こうした微調整は必ず発生するものであり、上手くいくまでには時間がかかります。これも試行錯誤の例です。おそらくゲームが終わる頃、皆さんは下向きの矢印が実際にどの程度の量を示しているのかをよりはっきりと把握できているでしょう。なぜなら、ラウンドでの意思決定とそれにより得られた結果という経験をくり返すことで、皆さんはそれを具体的に実感するからです。

　次の節では、サプライチェーンの様々な要素について、より詳細な分析を行います。その前に、ちょっと脱線してデータ分析とその解釈に関する注意点を簡単に説明しておきます。

平均に要注意！

　厳密に言えば、この話題は本章の終わりに述べる情報とシステムの話題に関連していますが、ここでは重要な点に絞って説明しておきます。以降の節では、TFCのレポートデータを使用して多くの分析を行うため、これらのデータが何を表しているのかを十分に理解することが重要です。特に重要なのは、合計値を表す数値と平均値を表す数値をきちんと区別することです。また、それらの数値が、１週間単位なのか、半年間（１ラウンド）単位なのかにも注意する必要があります。レポート内の各項目の定義は、その横にある⒤マークをクリックすると表示され、その項目が合計値なのか平均値なのかも分かります。

　平均値を理解するには、平均値の周辺でのデータのふるまいについて知ることが重要です。これはシックスシグマのような品質改善に関する哲学が重視しているこ

とでもあります。そして、現実の世界と同じように、正確な基礎データは必ずしもすべての人が把握できるわけではないので、ここでいくつかの仮定を置く必要があります。しかし、まず、平均値の最も基本的な概念について説明します。この概念は理解しやすいものですが、重要な示唆を含んでいます。図8.3で示す6つのグラフにおいて、1カ月当たりの平均需要はすべて100個です。1年間の総需要を月数で割ると月間平均需要が算出されますので、これは簡単に計算できます。

　これら6つのケースが置かれた状況はまったく異なっているのではないか、ということは容易に予想できそうです。この為、購買、製造、在庫に関する意思決定もそれぞれ異なるでしょうし、将来予測の傾向も異なるでしょう。ですから、くれぐれも平均値には注意してください。誤って解釈すると、将来のパフォーマンスを損なう可能性がありますよ！

　平均値は興味深い有用な情報ですが、それが示すのは全体像ではなく一部に過ぎないということも忘れてはいけません。例えば、平均値だけでは大きな変動や小さな変動、上向きまたは下向きのトレンド、「はずれ値」（例外的な一度限りの現象）を検出することはできません。

　これをTFCのビジネスシミュレーションに関連付けると、図8.3に示すように、

図8.3　1カ月当たり100個の平均需要の6つの例

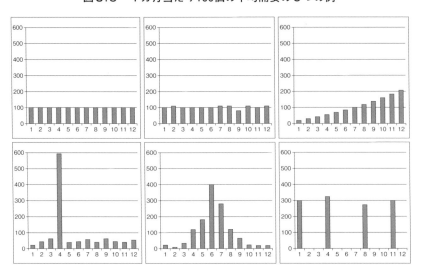

レポートに表示されるほとんどの平均値には基本的なパターンがあると想定できます。ほとんどの人は、これらを基本的な分布である「正規分布」「ベル型」「ガウス分布」として認識するでしょう。ここでは統計理論の詳細には立ち入りませんが、TFCのレポートの平均値は、ほとんどが類似した基本曲線を示すということだけはお伝えしておきます。つまり、大まかに言って、値の約半分は平均を下回り、半分は平均を上回っているということです。

したがって、例えば販売レポート上は小売企業と合意した保存期限の6カ月平均を達成したように見えている場合であっても、この保存期限よりも短かったり、逆に長かったりしたこともあったであろうことに留意する必要があります。この例では、製品別販売レポートを見て、保存期限の達成度と廃棄された製品の量を比較し、潜在的な影響を確認することができますので、それに従って解釈をするべきでしょう。

それでは、サプライチェーンのテクニカル面について詳しく見ていきます。

物理的インフラ

物理的インフラの詳細な位置付けを確認する為には、グローバルかつ全体的な視野が重要であることを改めて強調しておきます。以降で各概念について段階的に説明していきます。これらの概念はそれぞれが大変重要ですが、他の概念から独立しているわけではありません。ここでは個別に順を追って説明していきますが、本来はより大きく、グローバルな実践の中で繰り返し起こるものであると心に留めておいてください。

製造：原材料の物理的特徴

最初の状況では、TFC社はまったく異なる特性を持つ5つの原材料を取扱います。製品に関する多くの特性の中では、原材料に関して言うと保存期限は取るに足らない問題です。例えば、原材料の保存期限は濃縮果汁では2ラウンド（すなわち1年）で、包装材料のそれはさらに長いです。また、特殊な運搬や保管を必要とする危険物にも該当しません。

しかしながら、原材料は固体のものもあれば液体のものもあり、大きいものもあ

れば小さいものもあります。安価なものもあれば、高価なものもあり、大量に使用されるものもあれば、そうでないものもあります。この特性は、管理方法に影響を与えます。例えば、第3章で述べた価値密度の概念を原材料のセグメンテーションや管理の優先順位付けにどのように利用したかを思い出してみて下さい（例えば、52ページの**図3.5**を参照ください）。

演習問題　8.2

原材料の特性を分析し、管理方法を決定しましょう

分析

現在の製品ポートフォリオで製造するために TFC 社が使用している5つの原材料の概要を作成しましょう。チーム・スーパージュースの様式（**図8.4**）をガイドラインとして使用できます。表の一部は原材料の物理的特性に関連し、一部は製造量または販売量に基づいた使用量に関連しています。

図8.4　テンプレート：原材料の特徴

チーム：スーパージュース　戦略：低コスト

原材料	原材料の価値密度			原材料の利用			
	数量／パレット	単価	価値／パレット	数量／半年	金額／半年	数量／週	パレット数／週
紙パック							
PET							
オレンジ							
マンゴー							
ビタミンC							

図8.4の表に入力する情報は、ゲームの「Information」タブと、購買担当役員の画面からアクセスする「原材料」レポートに部分的に表示されます。表示される数値は、ゲームの設定とチームの現在のパフォーマンスに特有のものであることに注意してください。

図8.4に記入することで、おそらくお気づきと思いますが、TFC 社の原材

料は、サイズ、価値、使用量、および費用の点でそれぞれが大きく異なります。次に、これらの洞察を利用して、より効率的かつ効果的な方法でそれらを管理し、賢明な優先順位を設定する方法について考えてみましょう。保管スペースの使用率、輸送モード、取引単位、購買時のロットサイズ、仕入先で使用可能な生産能力などを考慮します。どのような結論となりましたか？作成した表に列を追加して、原材料ごとの観察結果と結論を書き留めておいてください。

決定

分析結果に基づいて、皆さんがどのような提案をするか決定しましょう。

製品：完成品の物理的特性

TFCの最初の状況では、完成品は3つのフレーバーと2種類のパッケージからなる6製品（6SKU）があります。全て液体ですが危険物の取り扱いはありません。製品は破損しやすいものでもないようですし、「Information」タブで見ることができるBOMの構成もそこまで複雑ではありません。ここで特別な注意を払うべきは、保存期限と物理的な大きさです。

●**保存期限**　先に述べたように、TFC社が使用している原材料の保存期限は長いです。しかし、濃縮果汁に水を加えると保存期限はわずか20週間になってしまいます。これが**理論上の保存期限**と呼ばれるもので、この期限が過ぎるとフルーツ飲料を飲むことはできません。一方で、**商業上の保存期限**という別の概念もあります。商業上の保存期限を過ぎた製品は、理論上は飲むことができますが、新しい保存期限の製品が市場に出ると、その価値は劇的に下がってしまいます。多くの小売商品が通常そうであるように、商業上の保存期限は小売企業との交渉によって決定されます。

TFCの営業担当役員は、各小売企業と製品の商業上の保存期限について交渉します。つまり、小売企業に出荷されるカートンまたはボトルに残された保存期限は、合意された保存期限を下回ることはありません。上述したように、この保存期限は商業上のもので、理論上の保存期限ではありません。小売企業は、約束した保存期限が長ければ長いほど、より多くの代金を支払います。なぜなら、保存期限が長くなることで、小売企業の店舗で対象商品を売り切ることができる可能性

コラム ▪ 商業上の保存期限

　TFCゲームでは、製造時点での残り保存期限は20週間となっており、顧客に対しては最大でその期間の85％（17週間）、最小で40％（8週間）の保存期限を残した状態で納品することを約束します。当然、顧客は製品が手元に届いてからなるべく長く販売したいですから、TFC社は約束する保存期限が長いほど高く売ることが出来ます。一方で、顧客の手元での保存期限を長くすればするほど、TFC社の手元での保存期限を短くしなければならなくなり、顧客と約束した保存期限を満たさない製品を廃棄するリスクが高くなります。TFCゲームでは、SCMの醍醐味であるトレードオフ（あちらを立てれば、こちらが立たず）について、こうした観点からも経験することが出来るでしょう。

　我が国では、食品の製造業者は設定した賞味期限の3分の1が過ぎる前に小売業者に納品することを約束する「3分の1ルール」という商業上の保存期限に関する商習慣があります。例えば、製造時点での賞味期限が20週先であれば、6.7週以内に出荷することが必要になります。これによる食品の廃棄ロスが問題となり、近年では商業上の保存期限を2分の1に緩和する等の取組みが官民協働で行われています。

が高まるからです。

　これがサプライチェーンの「テクニカルな」側面に関連する理由は明らかです。

　顧客に提供しなければならない保存期限を長くすると、材料の混合と充填、充填後に製品を流通させるまでの時間は短くなります。つまり、私たちの方針が顧客に長期の保存期限を約束することである場合、サプライチェーンはそれを実現するために迅速である必要があります。つまり、在庫方針、製造バッチ方針、製造能力および機械の選択などに影響があります。これについては、計画と管理に関する節で後述します。

●**物理的な大きさ**　完成品の物理的特性の2点目は容積です。原材料の場合ほど違いは大きくありませんが、完成品の物理的な大きさも製品ごとに異なっています。大きさは例えば、パレットに載せることができる1リットルのパックや0.3

リットルのペットボトルの数で表されます。さらに、SKUあたりのパレット数を考慮するために、1ラウンドあたりに製造、販売されたリットル数を調べることにも意味があります。これらの情報は、例えば、取引単位、製造のロットサイズ（製造間隔）および安全在庫レベルを定義する際に重要です。また、倉庫の保管能力や製造能力などにも影響を与えます。詳細は計画と管理についての節で後述します。

以上のように、製造に関する特性は、サプライチェーンの物理的な側面だけでなく、一部の計画パラメーターにも重要な影響を与えます。

プッシュ／プル：顧客オーダーデカップリングポイント（CODP）

例えば、55ページの図3.6を改めて参照すると、TFC社のサプライチェーンはこれらの分類と完全に同じではありませんが、CODP2の物流センター向け見込生産に分類されます。TFCではこの基本設定は変更できません。

設備：倉庫と工場

TFC社におけるサプライチェーンの主要な設備は、工場、原材料倉庫、完成品倉庫です。液体の原材料を貯蔵するためのタンクヤードもあり、タンクローリーで供給されるときに使用されます。また、サプライヤーや小売企業の設備もサプライチェーンネットワーク内のハブや接続点として考慮した方が良いでしょう。小売企業の設備、より正確には小売企業の物流センターは、迅速な配送を容易にするためにTFC社の製造拠点の比較的近くに位置しています。サプライヤーの立地は、サプライヤーの概要と購買契約の概要で確認できます。サプライヤーを変更するとサプライヤーの立地が問題になることがあります。

TFC社の自社工場や倉庫、外部倉庫（自社倉庫が満杯になった場合に備えて、隣接する外部業者の追加的倉庫）の場所を戦略的に決定することは、基本設定のゲームでは難しいことではありません。ここで調整できることは、物理的な倉庫スペースと人的資源の投入量、混合工程と充填工程で導入する機械とその機械を稼働させるためのシフト数です。これらをもう少し詳しく調べてみましょう。

コラム・パレット

　パレットと聞くと、皆さんはどのようなものを思い浮かべますか。絵画に使用するパレットでしょうか。TFC のオペレーション部門が設定するパレットロケーション数のパレットとは、工場や倉庫における構内荷役作業、海上コンテナ、トラックでの輸配送の際に荷物を一纏めに載せることの出来る機材のことを指しています。パレットに貨物を載せることで効率的な荷役、輸配送が可能となります。

　パレットは材質、大きさに幾つかの種類があります。材質は、木製、プラスチック製、金属製等があります。大きさについては、日本では通称「イチイチ」という JIS 規格 T11型の1.1m 四方がデファクトですが、ビールケースの積み付けに最適な1.1m×0.9m のビールパレット等、業界に特化した仕様も多数存在します。また、世界各国で使用されているパレットのサイズも様々で、韓国では日本と同じイチイチが普及していますが、中国は1.2m×1.1m、欧州では通称「ユーロパレット」と言われる1.2m×0.8m がデファクトになっています。また、宅配便業界等では、格子状の枠で四方が覆われ、車輪がついているロールボックスパレットでの荷役・輸配送が主流になっています。

　　　　プラスチックパレット　　　　ロールボックスパレット

出所：NX 商事株式会社

演習問題 8.3

製造と倉庫の稼働率を分析し、施策を決定しましょう

分析

はじめに、現状の製造および倉庫の能力を徹底的に分析します。

● Operations の画面にある「倉庫」および「混合・充填」のレポートを参照し、様々なパラメーターやグラフが何を示しているかをよく理解してください。不明な用語がある場合は、ⓘマークをクリックしてその意味を理解しましょう。

● この状況をどのように解釈できますか。製造の能力や倉庫の保管能力に対して、稼働率が低下していたり、過剰な負荷が掛かったりしていませんか？その要因は何でしょうか？製造や倉庫に入って来る量と傾向に対して、製造設備や倉庫が本来持っている能力は過不足がありますか？その傾向の原因は何でしょうか？

● 製造設備や倉庫が持つ稼働率が低下していたり、過剰な負荷が掛かっていたりする状況を最適化し、より効率的、効果的にするには、何を行う必要がありますか？

決定

分析結果に基づいて、提案すべきことを決定しましょう。

　演習問題8.3では、製造設備や倉庫能力の分析と決定に関する具体的なイメージを示しましたが、これは全体像の一部に過ぎません。現在の状況を十分に理解するだけでなく、能力をどのように変更できるか、能力を変更することでどのような結果が生じるかを理解することが重要です。**演習問題8.4**でより詳しく見てみましょう。

演習問題 8.4

製造や倉庫の能力を変更する選択肢を分析し、施策を決定しましょう

分析

倉庫の入出庫能力は、基本的にスペースと人の2つの要素で構成されています。Operationsの画面に移動して、次の情報を確認しましょう。

●倉庫で働くフルタイム従業員1人当たりの年間コストはいくらですか？1人増えると利用可能な能力は何パーセント増加しますか？ゲーム1ラウンドは6カ月、つまり半年に相当することに注意してください。レポート内のほとんどの数値は、1ラウンドの合計または平均値を表します。

● TFC社の自社倉庫における1パレット当たりの年間コストはいくらですか？

●外部倉庫の1パレット当たりのコストは1日いくらですか？

混合工程の能力は混合機械に関連するコストで構成されます。機械名の横にある①マークをクリックすると、機械に関する詳細な情報が表示されるので見て下さい。混合機械の変更が可能な場合は、他の機械をチェックして、コストと能力を比較し選択することができます。それぞれの機械の長所と短所は何でしょうか？以下の観点で比較してみましょう。

●能力／スピード
●柔軟性／段取り替え時間／洗浄時間／最小バッチサイズ
●実行コスト
●投資額

どのような状況でどの混合機械が魅力的な選択肢となるでしょうか？皆さんの考えはいかがですか？

次に、充填工程について分析を行います。充填工程の能力は、それぞれの機械の稼働に必要な固定作業員数とシフト数によって決定されます。混合機械と同様、機械名の横にある①マークをクリックすると機械の詳細な情報が表示されます。利用可能な機械について、以下の項目で比較検証を行ってみましょう。

●その機械を動かすには何人必要ですか？また、シフトを1回追加することに伴って生じる人件費はいくらですか？シフトを増やすと、生産能力はどの程度増えますか？

●総生産能力

●固定費用

●調理法（レシピ）またはパッケージごとの切替え時間に関する柔軟性

●異なる包装材の充填に対する耐久性

●始動時の生産性損失からみた効率性

●投資額

　どのような状況でどの充填機械が魅力的な選択肢となるでしょうか？皆さんの考えはいかがですか？

　充填能力は、予防保全、故障解決トレーニング、充填ライン速度向上活動、シングル段取り（SMED）活動などの改善活動によっても変化します。それぞれに要するコストと期待される利点を確認してみましょう。

　どのような状況でどのような改善活動を行うと良いでしょうか？皆さんの考えはいかがですか？

　Finance 画面に移動し、上述の機械に関連する原価を確認して、それらが売上原価に占める割合を確認します。これで、様々なシナリオに対して、かなり高精度の費用対効果分析を行うことができます。これらの分析に基づいて、皆さんはどのような結論を得たでしょうか。

決定

　分析結果に基づいて、提案すべきことを決定しましょう。

輸配送

　現実と同様、TFC においても、輸送モードの選択肢は地理的条件が大きな制約となります。TFC 社においては、顧客である小売企業は物理的に近く、道路輸送が主要な輸送モードです。サプライヤーからの輸送モードは彼らの立地に依存します。例えば、中国からヨーロッパ北西へトラックで輸送することは理論上可能ですが、実際には非実用的で非現実的です。しかし、複数の輸送モードを選択できるサプライヤーも存在します。この情報は、Purchasing 画面の基本契約の概要で確認できます。輸送モードの横のリストボックスをクリックすると、使用可能な選択肢

が表示されます（**図8.5**）。新しい輸送モードを選択して保存するとサプライヤーからのリードタイムが変更されます。

　サプライヤーの名前の横にある①マークをクリックすると表示される概要情報では、現在選択している輸送モードに関連するコストを見ることができます。別の輸送モードを選択して**保存**し、概要情報を再度開くと、新しい輸送コストが表示され、以前のコストと比較できます（**図8.6**参照）。輸送モードは、ゲームのラウンドを終了する前であればいつでも戻すことができます。

図8.5　TFCの画面：サプライヤーからの出荷の輸送モードの変更

サプライヤー：①NO8DO Mango

①	契約指数	1,005
①	品質	高
①	リードタイム（日）	10
①	サプライヤー認証	✓
①	...	...
①	...	...
①	輸送モード	トラック輸送▼　編集 → 輸送モードを変更
①	...	トラック輸送
①	...	海上輸送

図8.6　TFCの画面：選択した輸送モードに応じた輸送コストを含むサプライヤー情報

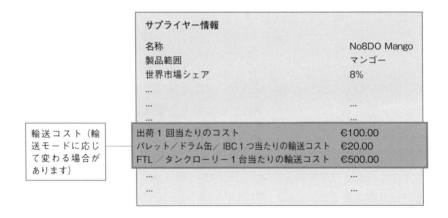

サプライヤー情報

名称	No8DO Mango
製品範囲	マンゴー
世界市場シェア	8%
...	...
...	...
出荷1回当たりのコスト	€100.00
パレット／ドラム缶／IBC1つ当たりの輸送コスト	€20.00
FTL／タンクローリー1台当たりの輸送コスト	€500.00
...	...
...	...

輸送コスト（輸送モードに応じて変わる場合があります）

外部委託と協働

　物理的インフラに関する意思決定の一部には、「自社で作るか」「購入するか」を選択する内容も含まれています。TFC ではこのような決定を下していきますが、その方法はかなり単純です。TFC 社は果物の農場を所有していませんし、包装材の製造能力もありません。基本設定のゲームでは、このような垂直統合の選択肢はありません。ただし、サプライヤーとの間ではその限りではありません。先に原材料について説明したときに、原材料の特性が異なると調達、輸配送、倉庫保管の優先順位が異なることが分かったように、これは原材料サプライヤーとの実際の対応にも影響を与える可能性があります。一部の原材料は、他の原材料よりも TFC 社のビジネスにとって重要です。このため、各原材料サプライヤーとの関係も TFC 社のビジネスにとって重要になる場合があります。

演習問題 8.5

原材料とサプライヤーの優先度を分析して施策を決定しましょう

分析

　第 3 章で紹介したクラルジッチのフレームワーク（**図 3.7**）を思い出しながら、TFC 社が使用している様々な原材料を分析し、各原材料にどれだけの金額を費やしているか、また、それらが販売する製品の構成においてどれだけ重要であるかを調べてください。

　次に、各原材料の様々なサプライヤーを調べ、代替のサプライヤーは何社あるか、その特徴は何か、各社の間に大きな違いはあるか、など、各原材料のサプライヤー市場における複雑さを評価しましょう。

　上記の評価結果を基に、フレームワーク内の様々な原材料をどのように配置しますか？どれが戦略的な原材料でしょうか？

　それぞれのサプライヤーとの関係は、通常の購買契約から非常に緊密な協力関係による共同開発まで幅広い選択肢があります。これまでの内容を踏まえると、皆さんはどのような選択を取ることが望ましいと考えるでしょうか？

> **決定**
>
> 分析結果に基づいて、提案すべきことを決定しましょう。

　全体像を完成させるためには、前にも簡単に触れた別の側面を考慮する必要があります。企業規模が重要な場合もあります。経営者である皆さんは、あるサプライヤーと戦略的な関係を構築することを重要視するかもしれませんが、それはそのサプライヤーにとっても TFC 社が非常に重要で戦略的であるということを同時に意味するものではありません。

　したがって、これまでのようなサプライヤーの細分化に加えて、特に関心のあるサプライヤーをより詳しく調べる必要があります。

演習問題　8.6

サプライヤーの特徴を分析して行動を決定しましょう

分析

　皆さんが通常契約での購買よりも踏み込んだ関係を構築したい、と考えている戦略的に重要なサプライヤーについては、サプライヤー市場を調べる際に、名前の横にある⒤マークをクリックしてサプライヤーの概要情報を開きます。概要情報を読んで、TFC 社がそのサプライヤーにとってどれくらい重要な存在であるかを推測してみてください。どのような情報から推測できるでしょうか？

　同じ原材料を供給する他のサプライヤーについても同様の推測を行うことができます。それにより何が分かりましたか？

　上記の推測から、潜在的な戦略的サプライヤーとの非常に緊密な協働関係の確立や共同開発の可能性について、どのようなことが分かりましたか？

決定

　分析結果に基づいて、提案すべきことを決定しましょう。

ネットワーク設計

　次の演習問題では、TFC 社の現在のネットワークには異議を唱えず、サプライヤーに関する部分に注目したいと思います。

演習問題 8.7

地理的なネットワークを分析し施策を決定しましょう

　第6章のマッピング作業のステップ4をまだ行っていない場合は、TFC 社のサプライチェーンの地理的なネットワーク図を作成し、TFC 社の場所とサプライヤーの場所に焦点を当てるのが良いでしょう。また、TFC 社とサプライヤーを繋ぐ線の太さを変えることで、取引量や頻度を表現し、線に沿ってリードタイムを追記することもできます。

　このネットワーク図からどのような結論を導き出すことができますか？

決定

　分析結果に基づいて、提案すべきことを決定しましょう。

　この節では、物理的インフラとの関連性が非常に高いいくつかの側面を見てきましたが、ここで一旦このトピックからは離れます。次節では、サプライチェーンの中で次に注目すべき領域である計画と管理に焦点を当てます。

計画と管理

　計画と管理の詳細に入る前に、グローバルかつ全体的な視野の重要性を再度強調しておきます。以降、いくつかの異なる概念について段階的に説明します。これらの概念はそれぞれが重要ですが、他の概念から独立しているわけではありません。ここでは、個別に、または一方向に説明しますが、実際は相互依存的なものであると理解する必要があります。これらはすべて、S&OP／IBP プロセス全体を扱う第10章の最後で再び登場します。

不確実性と変動性

　物理的インフラが定義されるとすぐに、サプライチェーン内で行う計画と管理の
ための全体的なフレームワークの検討を開始できます。まず、**演習問題3.7**（66
ページ）で行ったように、不確実性の原因を検討します。不確実性の程度と原因を
よりしっかり理解することで、予測、在庫、製造をどのように扱うかをより正確に
決定できます。第3章ではかなり一般的な内容について説明しましたが、本章では、
TFC社独自のケースに当てはめて説明していきます。

演習問題　8.8

**不確実性と変動性を分析し、これらの情報をどのように活用するかを決定しま
しょう**

分析

　4部門で使用可能なレポートと、部門毎に決定できる項目を使用します。
TFC社のサプライチェーンの市場側である営業部門からスタートし、サプライ
チェーンの上流に向かって進んでいきます。チーム・スーパージュースの**図8.7**
のような様式を使うと良いでしょう。

図8.7　テンプレート：不確実性と可能なアクションの分析

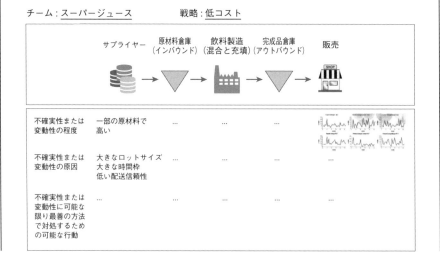

　　レポートやグラフを見て不確実性の度合いを段階的に分析していきましょう。第 3 章で示したように、変動性と不確実性の概念は同じではありませんが、分析に変動性を含めることもあります。

　　原因を特定してみましょう。不確実性または変動性の原因には、「自律的な」小売企業の行動などの外部要因がある場合もありますが、小売企業への販促など、TFC 社の決定によって引き起こされる場合もあります。

　　それぞれの原因について、不確実性や変動性に対処する最善の方法は何かを決定しましょう。ただし、不確実性と変動性は必ずしも悪いものではないということには注意が必要です。場合によっては、実際は企業自身が行った戦略的意思決定の結果である場合があります。そのような場合には、不確実性と変動性を低減または排除することが最善策ではないかもしれません。

決定

　　完全な状況はまだ把握していないかもしれませんが、実行すべき施策の決定に分析結果を使用し、最終的な選択に向けた次のステップに進む必要があります。

　　ここまでで、対処しなければならない不確実性と変動性の程度が明確になったので、主要なサプライチェーンプロセスの 1 つである D2S（Demand to Supply、需要から供給まで）プロセスと、特に第 3 章（**図 3.10**）で議論したこの主要なプロセスの 5 つのポイント、すなわち市場需要の予測、能力計画、生産計画とスケジューリング、製造と品質、そして在庫管理について見ていきましょう。

D2S のポイント 1：市場需要の予測

　　予測は、製造、倉庫、輸配送に関する意思決定の出発点となるため重要な活動です。不確実性が小さい場合と比較して不確実性が大きい場合、変動性が小さい場合と比較して変動性が大きい場合にその影響はより大きくなります。予測精度が向上しても変動性には影響しませんが、変動の原因によっては不確実性が低下する可能性があります。

　　企業にとって予測のもう 1 つの重要な役割は、営業部門に関するものです。営業部門は予測される販売量を実行部門に知らせます。販促や製品ポートフォリオに関

する意思決定があった際は、購買、オペレーション、SCM の各部門はそれに関連
する製造能力、保管能力、安全在庫レベルなどについての変化を予測します。例え
ば、TFC においては、安全在庫量は需要量の何週分か、と設定をします。その設
定時には需要予測から算定された週当たりの予想需要量を使います。それでは、予
測サイクルを段階的に見ていきましょう。

　ステップ 1 では、売上の観点だけでなく、納品実績の観点からも調査します。ま
ず売上を見てみましょう。TFC の基本設定では、ベースラインとなる販売量を市
場規模と呼んでいます。この量はゲームのどのラウンドにおいてもほぼ同じであ
り、1 ラウンドにおける**リットル換算での飲料の総量**が安定していることを意味し
ます。この 6 カ月分（1 ラウンド）の総需要は安定していますが、ラウンド内の需
要は日ごと週ごとの変動があり、常に一定ではありません。

　過去の納品実績も見てみましょう。私たちは顧客である小売企業との約束を果
たせていたのでしょうか。この観点から調査することは、顧客との契約条件を緩和
する余地や、より積極的な条件で契約できるか否かの結論を得ることに繋がり
ます。

演習問題　8.9

販売実績を分析し、この情報をどのように活用するかを決定しましょう

分析

　各小売企業の契約条件を出発点として、各条件での実績を最もよく表す KPI
を定義しましょう。

　営業部門の様々なレポートから、定義した KPI に基づいて現在の業績を分析
します。

　約束したサービスレベルと納品実績との間にどのような差異がありました
か？その差異はどれくらいの大きさでしょうか？その差異により業績にどのよ
うな影響があったでしょうか？

　約束したサービスレベルと納品実績との差異は、通常、実際の納期を改善す
るか、約束するサービスレベルを落とすか、あるいはその両方を組み合わせる
ことによって埋めることができます。どの選択肢が最も実現可能でしょうか？

上記に加えて、商品別、顧客である小売企業別の貢献率、マージン等の財務実績を詳細に分析しましょう。

決定

これらの分析からどのような結論を導くか決定しましょう。完全な状況はまだ把握していないかもしれませんが、実行すべき施策の決定に分析結果を使用し、最終的な選択に向けた次のステップに進む必要があります。

ステップ２では、将来的に可能性のある産業、市場または需要の動向に関して既に入手可能な情報、ならびにまだ実施されていない企業の決定（例えば、新製品、新しいチャネルの導入や新しい地域への進出など）を考慮します。

ステップ３では、これまでの過去の分析結果に利用可能な将来の情報を加えて将来のシナリオを作成します。

シナリオには、製品ポートフォリオの変更が含まれる場合があります。例えば、利益率の低下や、特定の SKU で運用上の継続的な問題が発生した場合には、製品の取扱いを中止します。あるいは、顧客である小売企業と販売促進活動を行うことで売上を伸ばそうとしたりします。

どちらの決定も、リットル換算した飲料の総販売量にプラスまたはマイナスの影響を与えます。また、販売促進活動の頻度を変更すると、需要も変動します。販売促進による正味の効果がプラスであっても、より積極的な販売促進活動を行えば、販売量のピークを高めた後、販売が低迷する期間が長くなることにも注意が必要です（**図8.8**参照）。

演習問題 8.10

販売シナリオを分析し、その魅力度を決定しましょう

分析

これまでのステップで得た情報と、販売促進や製品ポートフォリオに関する選択肢を組み合わせて将来の需要シナリオを作成し、約束するサービスレベルと実際の納期の差異を埋めましょう。想定している変更に対して顧客である小

売企業はどのような反応を示すか、契約指数の観点から評価しましょう。これらの変更による収益の増減はどの程度でしょうか？

　ゲームの設定では、販促圧力をヘビーから無しまで変更することができます。また、製品ポートフォリオを変更することもできます。これらの決定から期待される財務的影響を定量評価しましょう。

決定

　皆さんが検討した様々な選択肢を吟味して、どのシナリオが最も望ましい内容かを決定しましょう。

　最後に、**ステップ4**ではシナリオを決定し最終的な予測を作成します。この予測は企業内の他のメンバーと共有できます。予測は、**図8.9**に示すように、「需要予測」タブで実行します。この画面では営業部門の担当役員が、ポートフォリオ内の各製品について次のラウンドで予想される売上の増減を5％単位で入力できます。

　更新された予測は、営業部門の担当役員が調整するのと同じ画面で、他のメンバーも参照できます。さらに、SCM担当役員は、製造間隔ツールと呼ばれる分析的意思決定支援ツールでこの更新された予測情報を使用できます。このツールを使

図8.8　販売促進の効果

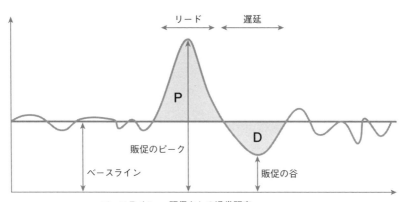

ベースライン ＝ 販促なしの通常販売
リフトファクター ＝ 販促のピーク／ベースライン
ディップファクター ＝ 販促の谷／ベースライン
正味の効果 ＝ 表面P － 表面D

図 8.9　TFC 画面：需要予測画面

製品 予測					
製品	ⓘ 週当たりの需要	ⓘ 増加または減少			ⓘ 需要予測
Ｆｒｅｓｓｉｅ ｵﾚﾝｼﾞ 1 L	67,400	(−)	0%	(＋)	67,400
Ｆｒｅｓｓｉｅ ｵﾚﾝｼﾞ / ﾏﾝｺﾞ-1 L	42,200	(−)	+5%	(＋)	44,310
Ｆｒｅｓｓｉｅ ｵﾚﾝｼﾞ C ﾊﾟﾜ-1 L	11,400	(−)	0%	(＋)	11,400
…					…
…					…
…					…

用して、製造間隔の最適化について分析できます。詳細は **D2S のポイント 3** を参照してください。

演習問題　8.11

これまでのステップから得られた分析結果に基づいて、需要予測を決定しましょう

分析

　前のステップの結果をふり返り、最終的な結論によって物事を前に進められるかどうか確認しましょう。

決定

　最初の 3 つのステップからの洞察に基づき各 SKU の最終的な需要予測を決定しましょう。

「予測誤差」または「予測精度」を測定するために広く使用されている指標には、MAPE とバイアスの 2 つがあります。どちらも、予測の信頼性を表すことを目的としていますが、その計算方法は若干異なります。

● **MAPE（Mean Absolute Percentage Error, 平均絶対誤差率）**：MAPE は、予測の信頼性を測る尺度です。**週単位**の予測誤差（需要の実績から予測値を引いたもの）の絶対値を計算します。すべての週の予測誤差の合計を各週の実績の合

計で割ります。MAPE が 0 ％なら理想的であり、この場合、実績は予測と一致することになります。一方、MAPE の値が大きいと、予測と実績の差が大きいことを意味しており予測の信頼性は低いということになります。TFC の予測は 6 カ月の合計で行われるため、1 週当たりの需要の予測値は、単に予測合計に基づく 1 週間当たりの平均需要になります。週あたりの需要変動が大きい場合、つまり、平均的な需要の予測値と実績値の山と谷の差が大きい場合、MAPE の値は大きくなります。

●**バイアス**：バイアスは、実績が予測からどれだけ逸脱しているかを測定するために用います。バイアスは相対的な差を示します。つまり、**6 カ月間の総需要予測**から**6 カ月間の総需要実績**を引き、実績で割ったものです。この定義を使用すると、正のバイアスは予測値が実績値より高かったことを意味し、負のバイアスは予測値が実績値より低かったことを意味します。正のバイアスも負のバイアスも問題を引き起こします。正のバイアスは在庫を増加させます。これは予測した需要量が実際の販売量を上回るためです。結果として、在庫コストが増加したり、在庫が陳腐化したりする可能性が高くなります。一方、負のバイアスは供給の低下を引き起こし、サービスレベルの低下につながる可能性があります。

コラム・MAPE とバイアス

MAPE とバイアスはいずれも「予測精度」を測るための指標ですが、計算式を比較するとその違いがより明らかになります。MAPE は、予測が実績からどれだけずれているかを測る場合に用います。バイアスは、実績に対して予測が過剰であるか過小であるかを測る場合に用います。

$$\text{MAPE}（\%）= \frac{100}{\text{データ数}} \times \sum_{\substack{1\text{番目の} \\ \text{データ}}}^{\text{データ数}} \left| \frac{\text{実績値} - \text{予測値}}{\text{実績値}} \right|$$

$$\text{バイアス} = \frac{1}{\text{データ数}} \times \sum_{\substack{1\text{番目の} \\ \text{データ}}}^{\text{データ数}} \frac{\text{予測値} - \text{実績値}}{\text{実績値}}$$

　ラウンドが完了して算出結果が出ると、MAPEやバイアスの予測パフォーマンスを売上レポートで確認するか、レポートのリストで「分析」をクリックしてカスタムレポートを作成することで確認できます。カスタムレポートの作成には必要に応じて、いくつかのパラメーターを設定できます（**図8.10**参照）。4つの部門ごとで、異なるパラメーターセットをレポートに含めることができます。

　予測に関するこの節の最後に、次の注意点を述べます。**予測は情報の一部です。決して自己実現的な予言ではありません。** つまり、予測値が高くなっても、それが自動的に売上高の増加につながるわけではありません。営業担当役員による予測は、一連の決定が潜在的な外部市場にどのような影響を与えるのかを検討します。その結果、販売量に影響が出る可能性がありますので、予想される変化を他部門のメンバーに通知します。

D2Sのポイント2：能力計画

　最新版の予測を考慮することで、オペレーション担当役員は販売量と変動性の観点から、原材料倉庫の容量、混合／充填能力、完成品倉庫の容量に関する意思決定ができるようになります。なお、工場は1ヶ所のみなので、需要を複数の製造拠点に振り分けることはできません。

図8.10　TFC画面：カスタムレポートの出力（分析）

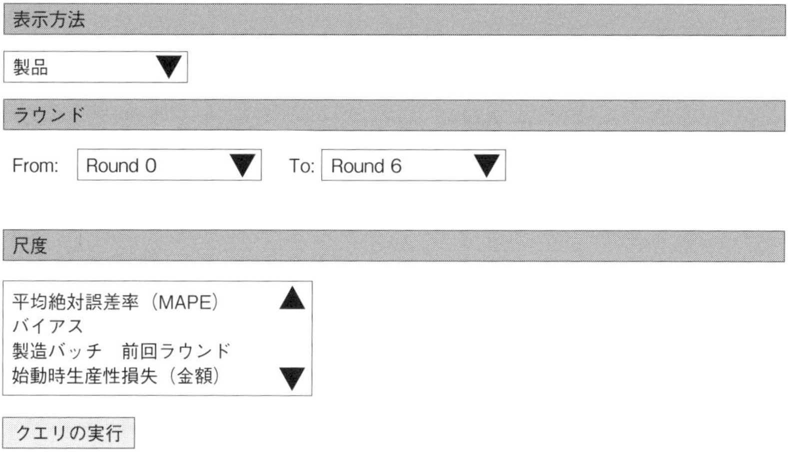

　この章の設備に関する節においてすでに述べたように、利用可能な設備容量の現状と設備容量の変更に伴う費用対効果の分析を行い、将来予測される売上の拡大に対応するため、設備を拡張するという選択肢についても検討しなければいけません。

演習問題　8.12

需要予測を分析し、能力の変更が必要かどうか決定しましょう

分析

　現状の製造能力、原材料倉庫および完成品倉庫の容量過不足を出発点として、SKU ごとの売上予測を詳しく調べましょう。

　需要予測に変更がない場合は、既存の使用可能な容量使用率の最適化に重点を置くことができます。定義された企業戦略とサプライチェーン戦略に関して、柔軟性の向上または効率性の向上によって、容量使用率を最適化するためにどのような行動を提案しますか？

　需要予測が変更された場合は、以下の点を分析します。

● SKU あたりの売上高の増減割合はどの程度でしょうか？
●売上の増減はリットル換算してどの程度の量でしょうか？
●需要が増減することで予想される影響は何でしょうか？
●次の項目について、既存の利用可能な能力を把握しましょう。
　　○原材料倉庫：スペースと人員
　　○混合・充填工程：機械の稼働率とシフト数、改善プロジェクト実施の有無
　　○完成品倉庫：スペースと人員

決定

　製造と倉庫の能力を変更することにより得られる様々な可能性のうち、予測される販売量と変動性に、利用可能な能力を適合させることで最もコスト効果を高くするには、どのような施策を提案するか決定しましょう。

　ボブ CEO から、その決定について説明を求められた場合、皆さんはどのように説得力のある説明を行いますか？

D2S のポイント 3：生産計画とスケジューリング

　第 3 章では、生産計画とスケジューリングの幅広いトピックの一部として、製造バッチサイズと確定期間の概念について言及しました。確定期間に関して、選択された戦略（効率重視型または即応型）と確定期間をどう整合させるかという質問をここで投げかけたいと思います。何が理にかなっているかを考え、選択した戦略の範囲内で具体的な確定期間の最適化に努めましょう。

　詳細な生産計画とスケジューリングに関しては、混合または充填用に複数の機械がある場合、どの SKU をどの機械に割り当てるかを決定する必要があります。例えば、各機械は効率または柔軟性に関して異なる特徴を有しており、大量生産と小さなバッチ製造とは区別して考えなければなりません。明らかに、生産計画やスケジューリングは、機械の総能力と総投資に見合う需要量がある場合にのみ合理的であるといえます。

演習問題 **8.13**

機械の追加導入や変更について分析し、施策を決定しましょう

分析

　現在の製造能力に関するこれまでの分析、予測される生産量と変動性の変化、およびこれらに対処するために提案した処置を思い出してください。2 台目の機械を導入した場合、混合工程と充填工程では、どの製品をどの機械に割り当てますか？また、その理由は何ですか？

　導入した機械の予測される稼働率はどれくらいを見込みますか？上記の検討内容から、皆さんはどのような結論を導き出しますか？

決定

　次のラウンドに向けて、機械の追加導入や変更に関して行う提案を決定しましょう。

　次に、D2S のポイント 3、生産計画とスケジューリングにおけるもう 1 つの重要な決定である製造間隔の調整に移ります。まず、現在の状態とその影響を分析します。

演習問題 8.14

製造間隔の変更による変化を分析し、行動を決定しましょう

分析

　現行の製造間隔を指定する SCM 画面に移動します。現在のパラメーター設定に至った理由を教えてください。異なる SKU 間で差があれば、その理由は何でしょうか？

　製品に関するレポート画面を開いてください。在庫水準や、サービスレベル（明細単位）の状況はどうでしょうか？

　次に、Operations 画面に移動します。混合と充填に関するレポートを確認します。製造間隔のパラメーター設定は、充填機械の能力にどのような影響を与えますか？

　第 3 章で述べた製造バッチサイズに関する長所と短所についても再度参照し、また、選択しているサプライチェーン戦略と現在の製造間隔の設定が整合しているかも考慮して、どの程度の成果が挙げられるかを予測してください。

決定

　次のラウンドに向けて、製造間隔の変更に関して行う提案を決定しましょう。

　製造と倉庫の能力が需要量や需要変動から影響を受ける場合と同様に、製造間隔についても同じことが言えます。

　ゲームの設定によっては、各部門の画面を選択するタブの横に**図 8.11**に示すようなアイコンが表示されます。このアイコンをクリックすると、製造間隔のシミュレーションツールが使用できます。

図 8.11　TFC 画面：製造間隔ツールを開く

「製造間隔ツール」に
アクセスするためのボタン

製造間隔ツールを使用すると、SCM 部門の担当役員は製造間隔の設定を変更した際の製造コストと充填能力の変化に関する様々なシナリオをシミュレーションすることができます。このツールは、需要変動の度合い、機械の故障、予防的メンテナンスにかかる時間などを考慮していない為、シミュレーション結果はかなり直線的ですが、SCM 部門の担当役員が想定している様々なシナリオを比較して、非常に有用な洞察を得ることができます。**図8.12**に、製造間隔ツールの外観と、その使用手順を示します。

製造間隔ツールは意思決定を支援するツールだということに注意が必要です。この点についてはこの章で追って説明します。このツールは特定のパラメーター変更の感度を分析するのに役立つシミュレーターです。分析内容は、どの製造間隔を選択すべきかを決定する際に役立ちますが、ツールにおけるシミュレーション内容は各部門の意思決定には直接反映されないということに注意してください。意思決定内容の反映は、該当する部門の担当役員がそれぞれのメニュー画面で行う必要があります。

製造間隔ツールの中段には、パッケージサイズごとの週当たりのリットル換算需要量が表示されます。この情報は、営業担当役員が調整した予測画面から直接取得

図8.12　TFC 画面：製造間隔ツールを使用する

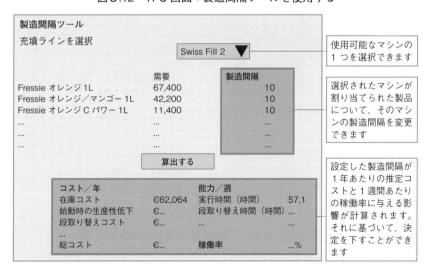

製造間隔ツール			
充填ラインを選択			
		Swiss Fill 2 ▼	使用可能なマシンの1つを選択できます
	需要	製造間隔	
Fressie オレンジ 1L	67,400	10	選択されたマシンが割り当てられた製品について、そのマシンの製造間隔を変更できます
Fressie オレンジ／マンゴー 1L	42,200	10	
Fressie オレンジ C パワー 1L	11,400	10	
...	...	...	
...	...	...	
...	...	...	
	算出する		
コスト／年		能力／週	設定した製造間隔が1年あたりの推定コストと1週間あたりの稼働率に与える影響が計算されます。それに基づいて、決定を下すことができます
在庫コスト	€62,064	実行時間（時間） 57.1	
始動時の生産性低下	€...	段取り替え時間（時間）...	
段取り替えコスト	€...		
...			
総コスト	€...	稼働率 ...%	

されます。つまり、営業担当役員が予測結果をまだ反映していない場合、SCM担
当役員は誤った判断を下してしまう恐れがあります。

演習問題 8.15

製造間隔ツールを使用して変化を予測し、どのような行動に取り組むかを決
定しましょう

分析

　製造間隔ツールを使用して、現在の製造間隔の設定と、製造能力、コスト、
そして選択しているサプライチェーン戦略を考慮した様々なシナリオを分析し
ましょう。最終的な決定を下す前に、最新の予測を確認してください。
　これらの分析に基づき、皆さんはどのように結論付けましたか？

決定

　次に行う提案を決定しましょう。ボブCEOから説明を求められた場合、そ
の決定について、皆さんはどのように説得力のある主張をしますか？

D2Sのポイント4：製造と品質

　続いてD2Sプロセスのポイントとなる製造と品質についてです。現実世界では
日々粛々と製造が実行されていますが、基本設定ゲームの中ではこういった側面は
あまり見えません。しかし、製造の他の側面には、購買、オペレーション、SCM
における戦術的な意思決定と明確な関係を持つものがあります。
　第3章で述べたように、製造の中断を表す主な指標の1つは「生産計画順守率」
です。

演習問題 8.16

生産計画順守率について分析し、どのような行動に取り組むかを決定しましょう

分析

　Operations画面内にある混合・充填に関するレポートに移動し、現在の生
産計画順守率をチェックしましょう。100％ということは設定した計画通りに

生産できたということです。

　生産計画順守率が100%を下回っている場合、具体的にはどのような原因が考えられますか？製造能力だけでなく、製造工程への原材料の流入量に関する変動性と不確実性、製造工程から出ていく流出量の変動性と不確実性、その間にある在庫水準、稼働率等を調べる必要があります。これらのすべての側面が生産計画順守率に影響を与えている可能性があり、それぞれが異なる部門の担当領域である為、全体像を明確にするためには複数の異なるレポートを参照する必要があります。

　サプライチェーンのすべてのステップに関連する指標を特定し、関連する部門を特定して、下流の末端から上流に向かって分析していきましょう。**図8.13**に示すようなチーム・スーパージュースが使用している様式が有用です。このチームの生産計画順守率は72%でした。

　生産計画を達成したことによって、最終的に小売企業への納品実績にどのような影響がありましたか？効率性と有効性という点に関して、内部の状況はどうでしょうか？これらの状況のうち定量化できるものはありますか？どの程度の影響があったでしょうか？これらの数字は、緊急に修正を要することがらをはっきりと示しているはずです。

図8.13　テンプレート：生産計画順守率を分析する

チーム：スーパージュース　　　　生産計画順守率：72%

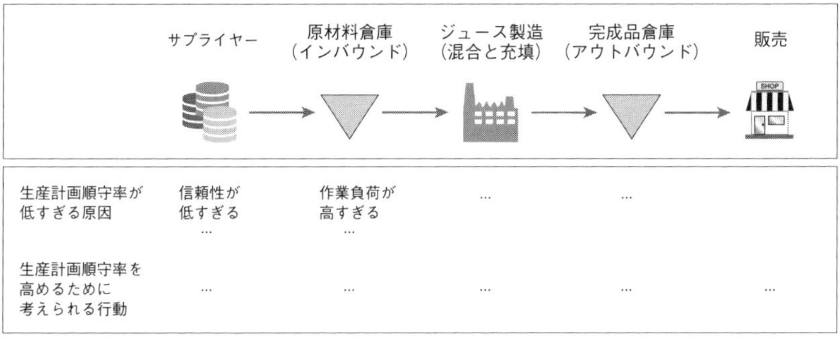

	サプライヤー	原材料倉庫 （インバウンド）	ジュース製造 （混合と充填）	完成品倉庫 （アウトバウンド）	販売
生産計画順守率が 低すぎる原因	信頼性が 低すぎる …	作業負荷が 高すぎる …	…	…	
生産計画順守率を 高めるために 考えられる行動	…	…	…	…	

決定

　生産計画順守率を高めるために提案する施策を決定しましょう。これらの施

策のコストを定量化し、それまで低かった生産計画順守率によるマイナスの影響をどう解消できるかを評価しましょう。皆さんはどのように結論付けましたか？改善へ向けて次に行う提案を決定しましょう。

D2S のポイント 5：在庫管理（倉庫への補充）

第7章では、支払利息の観点から在庫の財務的影響をより詳細に検討しました。在庫は貸借対照表に表示される資産ですので、ROI に影響を与えます。第7章で得られた洞察は、以下の分析の出発点として捉えることができます。第3章の主要な概念（例えば、71ページ、**図3.12**の在庫推移図）を思い出しながら、まず在庫管理の考え方と、それを TFC でどのように適用するかを見てみましょう。

完成品の在庫については、定期発注方式（R, S）に従って在庫方針を決定します。在庫量を確認する間隔 R は製造間隔に設定します。ある製品の製造間隔が5日である場合、在庫量の確認は5日ごとに行われます。日数で表現される在庫補充点 S は、その製品の安全在庫（日数）、製造間隔および製造確定期間を加算したものとして定義されます。この日数に1日当たりの需要予測量を乗じて製品の量で在庫補充点 S を表します。次に、正確な製造バッチを定義するために、この在庫補充点 S と引当可能在庫を比較します。もう1つ考慮すべき点は、使用する機械の最小バッチサイズです。この最小バッチサイズが完成品在庫の観点から必要な製造バッチサイズよりも大きい場合、機械の最小バッチサイズが製造量を決定する主な制約条件となります。

原材料の在庫については、定期発注点補充点方式（R, s, S）[5] により在庫方針が決定されます。在庫量の確認間隔 R は1週間に設定されています。つまり、補充発注が必要かどうかを確認するために、原材料在庫は週に1回確認されます。発注点 s は、不確実性をカバーする為の安全在庫水準に仕入先からのリードタイムを考慮した橋渡し在庫を加えたものとして定義されます。在庫補充点 S は、発注点 s と SCM 担当役員が指定した原材料のロットサイズの合計として定義されます。完成品と同様、発注量を決定するために、補充点 S が引当可能在庫と比較されます。この場合にもう1つ注意しなければならないのは、購買担当役員がサプライヤーと

---

(5) 原材料の補充方式には、その後仕様に見直しが入り、現在は定量発注方式（S, Q）が適用されています。

交渉した取引単位です。

　この取引単位が原材料在庫の観点から必要な補充量よりも大きい場合、取引単位が在庫量を決定する主な制約となります。

　TFCで選択された在庫方針に注意してください。完成品の（R, S）と原材料の（R, s, S）は変更できません。

　上記の在庫方針をしっかり分析して、ゲーム内での明確な意思決定に落とし込みましょう。SCM担当役員は、（R, s, S）方針に含まれる在庫量のロットサイズと安全在庫を決定します。原材料当たりの橋渡し在庫量は、選択したサプライヤーのリードタイムに基づき、シミュレーションツールによって自動的に計算されます。この内容は購買担当役員によって決定されます。

演習問題　8.17

原材料在庫を分析し施策を決定しましょう

分析

　供給の不確実性が生じる潜在的な原因は第3章の「計画と管理」で分析しました。その概要をふり返ってから、SCM画面の原材料レポートにおける在庫状況のグラフ、および各原材料の原材料充足率（％）を確認してください。

　在庫状況のグラフから読み取れる不確実性と原材料充足率から判断して、設定している安全在庫量は問題無い水準でしょうか？

　設定した原材料在庫水準により生じているコストはどうでしょうか。グローバルな観点から見て、設定した在庫水準によって発生しているコストは妥当でしょうか？

決定

　更なる最適化に向けて、提案する施策を決定しましょう。

　次に、完成品の在庫を見てみましょう。ここで、SCM担当役員は、各SKUの製造間隔、製造確定期間の長さ、安全在庫水準を決定して、需要と製造によって生じる不確実性をカバーします。これらはすべて（R, S）の在庫方針を規定するパラメーターとなります。

コラム・引当可能在庫

　引当可能在庫とは、将来どれくらいの予測需要を満たせるかを表わす製品在庫量です。製品の現在庫量に予定生産量を加え、受注残を差し引いて求めます。

　TFCでは、製品は定期発注方式（R，S）で補充されることから、安全在庫と製造間隔、そして製造バッチサイズを左右する製造確定期間が、生産量に影響を及ぼします。

引当可能在庫のイメージ

現在庫：
2パレット（2週間分の需要相当）

入庫予定
（生産計画）
→加算
（2パレット）

出庫予定
（受注残）
→減算
（1パレット）

引当可能在庫：
3パレット（3週間分の需要相当）

　なお、元となった英語用語"Economic Inventory"に対応する日本語の用語は確立されていません。注文に割り当て（引き当て）可能な正味の在庫という意味合いで「正味在庫」、理論上の在庫数量という意味合いで「理論在庫」などの表現が相応しい場面もあるでしょう。

演習問題 8.18

完成品在庫を分析し行動を決定しましょう

分析

　需要と製造において生じる不確実性の潜在的な原因は第3章の「計画と管理」で分析しました。その概要をふり返ってから、製品の在庫状況のグラフと、明細単位のサービスレベルおよび保存期限切れ比率を確認してください。

　在庫状況のグラフや上記の指標から、設定している安全在庫水準は適切でしょうか？

コストの観点から、設定した完成品在庫水準により発生するコストはいくらでしょうか？グローバルな観点で見て、設定した在庫水準によって発生しているコストは妥当でしょうか？

決定

更なる最適化に向けて、提案する施策を決定しましょう。

O2C プロセスと P2P プロセス：支払期間

最後のふり返りとして、**O2C**（Order to Cash，注文から現金化まで）プロセスと **P2P**（Purchase to Pay，購買から支払まで）プロセスの財務的な流れに重点を置いて、変動性と不確実性の財務的影響、特に企業の貸借対照表に通常見られる買掛金と売掛金に関連する側面について説明します。TFC の場合は、貸借対照表が

図8.14　テンプレート：購買・サプライヤーの支払条件の分析

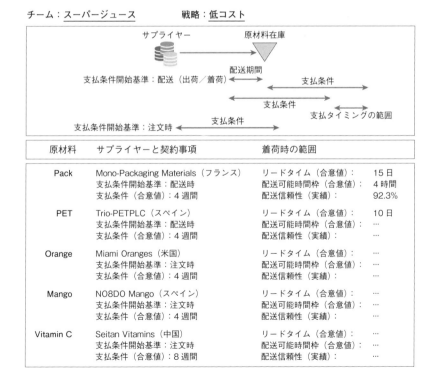

原材料	サプライヤーと契約事項	着荷時の範囲	
Pack	Mono-Packaging Materials（フランス） 支払条件開始基準：配送時 支払条件（合意値）：4 週間	リードタイム（合意値）： 配送可能時間枠（合意値）： 配送信頼性（実績）：	15 日 4 時間 92.3%
PET	Trio-PETPLC（スペイン） 支払条件開始基準：配送時 支払条件（合意値）：4 週間	リードタイム（合意値）： 配送可能時間枠（合意値）： 配送信頼性（実績）：	10 日 … …
Orange	Miami Oranges（米国） 支払条件開始基準：注文時 支払条件（合意値）：4 週間	リードタイム（合意値）： 配送可能時間枠（合意値）： 配送信頼性（実績）：	… … …
Mango	NO8DO Mango（スペイン） 支払条件開始基準：注文時 支払条件（合意値）：4 週間	リードタイム（合意値）： 配送可能時間枠（合意値）： 配送信頼性（実績）：	… … …
Vitamin C	Seitan Vitamins（中国） 支払条件開始基準：注文時 支払条件（合意値）：8 週間	リードタイム（合意値）： 配送可能時間枠（合意値）： 配送信頼性（実績）：	… … …

図8.15　テンプレート：営業・小売の支払条件の分析

別途作成されておらず、買掛金と売掛金の合計は、財務情報画面の投下資本部分にある「支払条件」に反映されています。

　次の演習問題では、**図8.14**と**図8.15**に示す様式テンプレートを使用できます。

演習問題　8.19

支払条件を分析し、施策を決定しましょう

分析

P2P：サプライヤーの概要情報で、支払条件の起点日（発注時や発送時等）を確認しましょう。サプライヤーのリードタイム、および原材料の納品に影響を与える可能性のある不確実性を確認します。

O2C：在庫がある商品を受注した際は翌日に配送されるので、支払条件は簡単に計算できます。

　上記の2つの分析観点は、出金と入金の時間差（第2章で紹介したキャッシュコンバージョンサイクル）の財務管理の必要性について、より明確な捉え方をもたらしてくれるはずです。財務面に大きな影響を与えるのはどのサプライヤーや小売企業でしょうか？キャッシュコンバージョンサイクルの合計には、原材料と完成品が在庫として眠っている時間や、製造にかかる時間も考慮する必要があります。この内容は、**図8.14「サプライヤーの支払条件を整理するテンプレート」**で視覚化されています。

　Finance画面の「投資」の中にある支払条件欄に記載された合計額を確認しましょう。また、過去6カ月間に支払われた金利コストの額も確認してください。なお、Finance画面に記載されている利子は、買掛金および売掛金で発生する金利のみを意味しています。在庫金利は、在庫コストをドリルダウンすると見ることができます。これで、支払条件の管理に関する優先順位を設定するための出発点に立ちました。

　投資、財務コスト（金利）、および全体的なROI向上の観点から、各小売企業や各サプライヤーとの支払条件はどの程度適切でしょうか。

　支払条件の変更が小売企業やサプライヤーに与える影響をチェックしましょう（**図8.15**）。契約指数に現れる支払条件変更に対する小売企業およびサプライヤーの感度を分析してみましょう。

　支払条件の変更により、利払いや投資総額の増加をどの程度相殺し、全体的なROIに影響を与えることができるでしょうか。

決定

　皆さんが提案する施策の内容とその理由を説明しましょう。

情報および情報システム

　本章ではサプライチェーンのテクニカル面の習得を行ってきましたが、最後は情報および情報システムについてです。物理的インフラが決定され、インフラ間の物の流れを管理するための計画と管理のプロセスが設計されたら、仕上げに情報を提供するためのプロセスと情報システムに入力する必要があるデータを定義します。

ERP システム、レポート作成、データ可視化

　ある意味では、TFC の ERP システムはゲーム中に見ているメニュー画面だと言えます。ここには、関連する部門と各部門で行われる意思決定に関する情報が表示されています。さらに、データマイニングやデータウェアハウスツールを使用して情報システムのエキスパートが作成したレポートも多数含まれています。この章の予測の節で簡単に触れたように、TFC には、特定のパフォーマンス指標を複数ラウンドに渡って可視化できる**図8.10**で示したようなカスタムレポート作成（分析）のシステムもあります。

　現実社会で様々な種類のソフトウェアを使用する場合と同様に、TFC のシステムにも情報が豊富に含まれています。最初は、これらのレポートのうち、何が利用可能か、内容はどのようなものかを把握しようとして悪戦苦闘するかもしれませんが、これらのレポートやフォーマットで何ができるのかを把握することに努めてみてください。そうすれば、これらのレポートやフォーマットが非常にシンプルで簡潔に作られていることが分かるでしょう。多くの説明は不要です。**新しい仕事を始める初日のような気分でこれらのレポートやフォーマットに触れてみてください！**どのようなレポートがあるのかを知るのは早ければ早いほど良いでしょう。

　同時に、膨大な量のデータが利用可能であるにもかかわらず、いくつかの情報が不足していたり、希望する形式ではなかったり、または詳細な内容が求めるものではないといった結論に達することもあります。

　繰り返しますが、これはまったくありきたりな状況であり、どのような種類の情報システムを使用している企業でも発生することです。十分な時間をかけてデータを見つけ、何をすべきか、何をすべきでないかを見極め、データにはどのような制限があり、分析や意思決定にどのように使用するのが最適かを理解するようにしてください。

　情報システムのすべての詳細、可能性と制限、利用可能なデータを最大限に活用するための対応策等を把握するにはしばらく時間がかかります。どれだけの時間をかけて、どれだけの成功を収めることができるかは、参加者が持つ専門知識、能力や資質の他に、自発的な行動、そしてかけた努力の量にかかっています。チームがランダムに構成されている場合、参加者の経験や知識等は偶然に左右されるかもしれません。とはいえやれることはあります。それは、何にどれだけ時間を使うかとい

う意思決定で、それはみなさん自身で決定をすることができます。

意思決定支援システム、分析・可視化ツール

　TFC では、多くの場合、参加者が独自の意思決定支援システムを作成する必要があります。Excel ベースとなるかもしれませんが、組織によっては、学校や大学、企業のコーポレートライセンスを利用して意思決定支援システムを作成できる可能性があります。但し、TFC に実装されている製造間隔ツールは例外です（**図8.12**）。このツールを使用すると、様々なシナリオをモデル化し、コストと能力の設定値に基づいて結果を比較分析することができます。ここで強調しておきたいのは、意思決定支援ツールがどんなに高度なものであっても、参加者が意思決定の最終的な責任から解放されることは決してない、ということです。計画システムからの提案がなされたとしても、それが自動化されたものであろうと手動によるものであろうと、その提案が適切で受け入れ可能だと判断するのは最終的には人です。

　技術の急速な進歩に伴い、分析を目的としたデータの可視化を比較的簡単な方法で可能にするツールが、手頃な価格で提供されるようになっています（**図8.16**）。Tableau、IBM Watson Analytics、Microsoft Power BI などのツールは、この意

図8.16　データ可視化ソフトウェアを使用して作成された KPI ダッシュボード

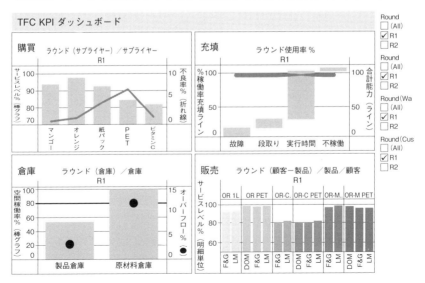

味で興味深い機能を提供しています（Baker, 2018）。学校や大学では、これらの
ツールや類似のものを自由に使える環境が整っている場合があり、学生はこれらに
慣れ、効果的に使う方法を学ぶことができます。これらのツールのいずれかにアク
セスできる場合、TFC はそれらを統合的に活用してみる非常に良い教材ともなり
得ます。また、ツールを使うことで、ゲームを有利に進めることもできるでしょう。

まとめ

　本章では、第 3 章に続き、サプライチェーンマネジメントのテクニカル面につい
て TFC への適用を行いました。具体的には、物理的インフラ、計画と管理、情報
と情報システム、組織体制について見てきました。特に、**図 8.17** に灰色で示した
トピックについて詳細に説明しました。

図 8.17　これまでに TFC に適用されたサプライチェーン（SC）のテクニカル面からのトピック

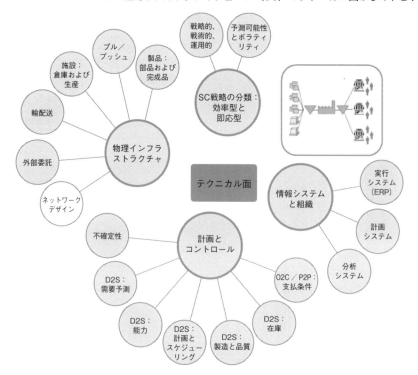

演習問題 8.20

第8章の内容をふり返ってみましょう

ふり返り

　本章を適切に読み終え経験学習の学習サイクルの原則に従うため、**図8.17**に示されている各項目に戻り、それらから自身が学んだことをふり返りましょう。特に以下に関連する事柄について考えてみましょう。

● **様々な原理原則とその現実の場面への実用**：原理原則はどの程度きちんと理解できていますか、そしてそこに含まれるトレードオフを体感しましたか？次回同じことが起こったときにはどのような行動を取るでしょうか？

● **分析と意思決定の過程**：ここまでどのように分析を行いましたか？チームの中でどのように意思決定が行われましたか？また、合意形成にはどれくらい苦労しましたか？厳密に言うと、必要でない議論で時間を無駄にしたりしませんでしたか？

● **チームの行動**：チームの各メンバーは積極的に参加していましたか？もしそうでないなら、なぜできないのでしょうか？その点について最善な対応としてどのような工夫がこらされましたか？

　第8章の最後の演習問題を終えた後も、原理原則を習得するための旅を続けます。次の章では、TFCへのリーダーシップの適用について見ていきます。

第 9 章　サプライチェーンの リーダーシップ面を習得する

　この章では、サプライチェーンマネジメントのリーダーシップ面に立ち戻って、それを TFC に適用したいと思います。第 1 部の第 4 章で触れた考え方に基づいて、パフォーマンス管理と目標設定、ステークホルダー管理、およびチームの役割と力学の考え方について解説します（**図 9.1**）。

パフォーマンス評価と目標設定

　指標や目標を設定することは、人の行動に影響を及ぼし、望む方向に動かすための強力な手段です。「リーダーシップ面」の中でもこのトピックを取り上げます。企業の業績について現状を理解し、是正措置を見定めて、協力者に指示するために

図 9.1　サプライチェーン上のリーダーシップ面に関するトピック

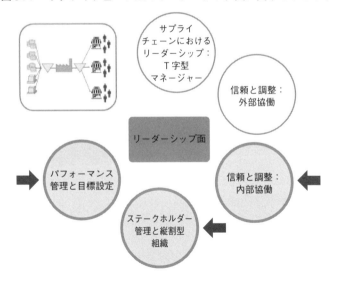

は、明確な重要業績評価指標（KPI）の設定が有効です。意思決定の多くはその部門の専門家が行うため、企業のKPIも通常、部門領域ごとに決定されます。では、部門KPIに注目してみましょう。KPIを設定することが常に最善な方法であるかどうかについては、後で触れたいと思います。

演習問題 9.1

部門領域ごとのKPIを分析し、どのように使うかを決定しましょう

分析

　選択したサプライチェーン戦略（効率重視型または即応型）を出発点として、営業、購買、オペレーション、およびSCMの4人の担当役員それぞれに有効と思われるKPIを3個から5個程度、考えてください。

　第4章に戻ってみましょう。それぞれ、どの程度SMARTだと思いますか？選んだ戦略が効果的に実施されたかどうかを建設的に評価できるかという観点から、なぜそれらが受け入れ可能で現実的かということを考えてみましょう。

　部門領域ごとに選択したKPIについて、どの部門が影響を受けるか確認してください。決定した内容は、それぞれの部門にとって、どの程度重要でしょうか？ギャップ、つまりKPIでカバーされていない重要な決定事項はありますか？必要に応じてKPIを再検討してください。

決定

　役割ごとに、効果的なKPIの組み合わせを決定しましょう。

　しかし、部門領域ごとにKPIを定義することは必ずしも部門横断的な協働の実現を保証するものではありません。KPIの設定には部門を横断した整合性を考慮することが重要であり、できる限り最善の策を練らなければなりません。では、皆さんがグローバルKPIダッシュボードの一部として設定した部門KPIは、どの程度、協働や調整を促進していますか？各部門の実務者がバラバラな方向に進むことなく、全体として企業を正しい方向に導いていますか？

演習問題　9.2

部門 KPI 間の整合性を分析し、KPI ダッシュボードを決定しましょう

分析

　リストにあるそれぞれの KPI に対して、目的を突き詰めると、他の KPI に相反する可能性が無いかを、1つずつ確認してください。これは、部門領域間の異なる KPI にとって特に重要です。必要に応じて、KPI を再検討してください。

　現在リストにある定義済みの KPI ごとに目標値を考えてください。

決定

　グローバル KPI ダッシュボード上に、機能部門毎にそれぞれ3つの KPI を決定し、それらの目標値を設定しましょう。

　ゲームプレイを通じて、これらの KPI と目標値をどのように使うかを決めてください。

　前後関係を広く考慮して適切に設計する場合、選択した KPI は、ある程度合理的に整合し、少なくとも KPI の間で「競合」が無いようにする必要があります。ただし、「適切な整合」という状態は、運用しながら改善を進められる可能性もあります。また、純粋に個別のパフォーマンス「評価」に使われる部門 KPI の補完として、部門横断的な KPI が役に立つこともあります。それは、内部調整を積極的に推し進めるという、明確な目的を持つ小さな KPI のセットを指します。部門 KPI として定義した KPI の一部には、すでにそのような特性が備わっていることもあります。

演習問題　9.3

部門横断の KPI を分析し、使用方法を決定しましょう

分析

　真に部門横断型と言える KPI を4つから5つ定義してください。つまりそれは、2つ以上の部門領域の決定事項に直接影響を受ける KPI です。**図3.9**（64ページ）および**図3.14**（77ページ）のマトリクスを出発点として使用し、こ

れまでのゲームで得た独自の経験を追加してかまいません。目標を設定したら、KPI が SMART であることを確認してください。

決定

　ゲームプレイを通じてチーム内で整合性を取るときに、ここで定義された部門横断型の KPI をどのように効果的に使えるか明確にし、決定しましょう。

次の信頼と協調のトピックに移る前に、ふり返りをしたいと思います。皆さんは今、選択したサプライチェーン戦略において重要な KPI を検討しています。ゲームでは、右上隅のボタンで「ランキング」を確認することができます。ラウンドごとまたは全体的な ROI に基づいてチームのランキングを表示できるほか、以下のKPI に基づいて、ラウンドごとの個々のランキングを可視化することもできます。

- ●営業−収入（収入が多いほど良い）
- ●オペレーション−オペレーションコスト（低いほど良い）
- ● SCM −在庫（低いほど良い）
- ●購買−調達コスト（低いほど良い）

まず、これら KPI はビジネスで非常に広く使用されており、大抵は金銭的インセンティブ（ボーナスシステム）に関連しています。人はこれらの KPI に関連した目標に向かって追い込むことで報われている、と言うこともできます。

また、これらは幅広く使用されている KPI であることを念頭に置いてください。サプライチェーン戦略のうち、効率重視型戦略と即応型戦略にどの程度適合していると思いますか？両方でしょうか？片方でしょうか？

次に、ゲームプレイの各ラウンド後に、各担当役員は、役割ごとのランキングに基づいて、ROI という観点からパフォーマンスを確認します。この結果をどう受け止めますか？

ステークホルダー管理：部門の縦割り

様々な役割の個々のパフォーマンスを純粋に測ることも重要ですが、この段階で

は別の考察も役に立ちます。ここまでは、各チームメンバーは、ゲーム内で異なる役割を担っており、ゲームプレイ中にそれがどのように機能するかをある程度経験できました。次の考察では、第4章で紹介した部門の縦割りを扱います。

演習問題 9.4

職能の分化について分析し、施策を決定しましょう

分析

　各自をそれぞれの役割に専念させるという職能の分化は、役割固有の学習曲線に作用します。また、縦割り機能内の範囲においては、個人がより良い見解を持ち、より良い判断を下すことが可能となります。この点において、どの程度プラスの影響を及ぼしましたか？

　職能の分化によって、チーム内で部門の縦割りにより生じるマイナスの影響がどの程度見受けられましたか？例えば、ある役割の人が別の役割の人に自身の決定について伝えようとしたとき、緊張が生まれたりしませんでしたか？また、別の役割のチームメンバーが特定機能の専門知識を欠いているため、多くの誤解が生じたりしていませんか？

決定

　チーム内の縦割りによって起こり得るマイナスの影響を最小限に抑えながら、職能分化の利点を最大限に活用する方法を決定しましょう。

信頼と協調：内部協働とチームパフォーマンス

　パフォーマンスを測定することは、自分の立ち位置を知り、次になすべきことを決めるのに必要な最初のステップです。ただ、KPIがすべてではありません。結果を達成するために人が協力して作業を始めるとすぐに、チームの人的側面の課題にぶつかります。各メンバーが持つ役割や責任はいったん置いて、ここからはメンバーが意識すべき「チームの役割」について話したいと思います。

　「チームの役割」とは、チームを組んだときに個人が取る行動特性です。例えば、主導権を握ってチームを前進させる可能性が高い人もいれば、個々のチームメン

バーをつなげる「接着剤」として機能する人や、関連する情報を検索してチームに
提供する人もいます。個々の性格や個性はこのようなチームでの役割に大きく影響
し、一組のチームのメンバー構成は、多かれ少なかれバランスが取れるものになっ
ていると考えられます。このテーマについては多くの学術的な議論があり、すべて
が同じ見解ではありませんが、一般的には、チーム内で役割のバランスが取れてい
るほど、パフォーマンスが向上する可能性が高いようです。

　性格や個性の組み合わせは、多かれ少なかれ、チーム内の安定性を生んだり爆発
的な効果を生み出したりする一因であることは明らかです。「チームの力学」の概
念では、チームの雰囲気の良さや、手元の仕事がどの程度進んでいるかを評価す
ることによって、チームでの役割を推測します。次のステップでは、マネジメント・
ワールズ社（Management Worlds, Inc.）が開発した、２つの簡単な質問票を使
用します（許可を得て掲載しています）。

演習問題 9.5

チームのタスクの方向性を分析してみましょう

分析

　図9.2のテンプレートを使用して、手元の「タスク」の観点からチームの
パフォーマンスを評価してください。できれば、各チームメンバーそれぞれが
個別に実施してください。

図9.2　テンプレート：リーダーシップの「タスク」面を分析する

チーム：スーパージュース_____　　　　　　戦略：低コスト_____

チーム評価：タスク

T1　　　明確な方向性と目的はありますか？

1　　　　　2　　　　　3　　　　　4　　　　　5　　　　　6　　　　　7

目標と目的が明確に理解され、合意されている。　　　　　　目標と目的は不明確。多くは当事者意識が欠如。

T2　　　チームメンバーは、それぞれが何をすべきかを理解していますか？

1　　　　　2　　　　　3　　　　　4　　　　　5　　　　　6　　　　　7

役割、責任、そして作業割り当てが明確で、受け入れられている。　　役割と責任が不明確で、割り当てられていない。チームで十分に活
適切に分業されている。　　　　　　　　　　　　　　　　　　躍できていない。

T3　　　作業はどのように編成され、実行されますか？

1　　　　　2　　　　　3　　　　　4　　　　　5　　　　　6　　　　　7

共同作業の手順が整理されていて効率的。チームは創造的で柔軟性　　作業手順が不足しているか非効率的。チームは厳格で、実験的な取
がある。　　　　　　　　　　　　　　　　　　　　　　　　り組みは行わない。

T4　　　プロジェクトの取り組みをどの程度計画し管理していますか？

1　　　　　2　　　　　3　　　　　4　　　　　5　　　　　6　　　　　7

問題や代替案を想定し、前もって行動と決定を計画。データは整理　　計画の時間枠が限られ、作業は事細かに管理されている。データは
され、全体像と詳細のバランスが取られている。　　　　　　　散在しているか、整理されていないか、詳細すぎるか、或いはあい
　　　　　　　　　　　　　　　　　　　　　　　　　　　　　まい。

T5　　　チームとしてどのように意思決定していますか？

1　　　　　2　　　　　3　　　　　4　　　　　5　　　　　6　　　　　7

意見の一致が追求され、確認される。意思決定と問題調査への取り　　意思決定や問題解決への決められた取り組みがない。
組みが決められている。意見の不一致が検討対象となる。　　　　意思決定が遅延したり、偶発的だったり、履行されなかったりする。

演習問題 **9.6**

チームおよびチームの関係性について方向性を分析してみましょう

分析

図9.3のテンプレートを使用して、「チーム（関係性）」の観点からチームのパフォーマンスを評価してください。できれば、各チームメンバーそれぞれが個別に実施してください。

図9.3　テンプレート：リーダーシップの「チーム」面を分析する

チーム：スーパージュース＿＿＿＿＿　　　　戦略：低コスト＿＿＿＿＿

チーム評価：チーム（関係性）

R1　　チームに対する参加の質はいかがですか？

　　　　　1　　　　2　　　　3　　　　4　　　　5　　　　6　　　　7

チームのメンバー全員が関与し、意見やアイデアを出し合う。異なる意見や見解に耳を傾け、尊重される。　　　関与が限られる。2～3人で決定する。一部のメンバーは、意見やアイデアを共有することに消極的か、無関心でさえある。

R2　　メンバー間の信頼とオープンな雰囲気の度合いはいかがですか？

　　　　　1　　　　2　　　　3　　　　4　　　　5　　　　6　　　　7

チームメンバーは、お互いに率直に話し合い、挑戦できると感じている。問題、対立、懸念については、率直かつ敬意を持って話し合う。　　　チームメンバー間に信頼はほとんどない。対立は回避される。コミュニケーションは保身的か、クローズドな状態か、官僚的に丁寧。

R3　　チームのリーダーシップはどのように行使されていますか？

　　　　　1　　　　2　　　　3　　　　4　　　　5　　　　6　　　　7

リーダーシップは共有されている。メンバー全員が参加し、影響を行使している。　　　リーダーシップは独裁的で直接的。1人または2～3人のメンバーが支配的。

R4　　感情はどれくらい重要なデータですか？

　　　　　1　　　　2　　　　3　　　　4　　　　5　　　　6　　　　7

感情は有益なインプット情報で、チームのメンバー間で気さくに共有される。　　　感情が覆い隠されているか無視されていて、有用な情報として扱われていない。

R5　　チームは楽しんでいますか？

　　　　　1　　　　2　　　　3　　　　4　　　　5　　　　6　　　　7

メンバーは共に働くことに満足している。成功を祝い、間違いから学び、ユーモアは元気をもたらしている。　　　メンバーは共に働くことを楽しんでいない。チームは真面目すぎて、お祝いは最小限に抑えられている。

　興味深い振り返りの応用を紹介します。個々のチームメンバーは、ゲームプレイ中の異なるラウンド結果が反映されるたびに、アンケートへの回答を複数回求められる場合があります。このようにすると、時間の経過に伴う考え方の進歩を表現したり、解釈したりすることができます。

演習問題　9.7

チームとチームの関係性について方向性を組み合わせて分析し、チームのパフォーマンスを向上させるための施策を決定しましょう

分析

　図9.4のテンプレートを使用して、前の2つの質問票に対する回答を組み合わせた1つの図で表現し、チームメンバー個別の評価結果を示します。もし、チームメンバーが質問票を複数回記入して、時間の経過に伴う思考進歩が見られる場合は、図に追記してかまいません。

図9.4　テンプレート：リーダーシップの「タスク」面と「チーム」面を分析する

チーム：<u>スーパージュース</u>　　　　　　　戦略：<u>低コスト</u>

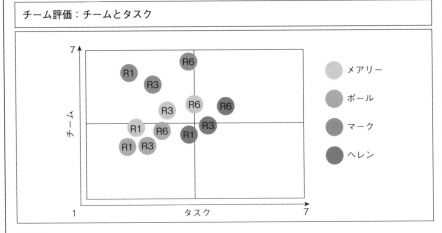

決定

　どのような結論を導き出すことができましたか？チームを観察した内容に基づいて、次に提案することを決定しましょう。

信頼と協調：外部協働と透明性

　第4章では、リーダーシップ面の一部として、信頼と協調のトピックについて簡単に触れました。そこでは、純粋な売買を超えて協力することを目的に据え、サプライヤーや顧客と特別な関係を築くことを目指しました。その一例がVMIです。ゲームプレイの設定によっては、TFC社はVMIのような改善プロジェクトを顧客やサプライヤーに提案することができます。その場合、以下2つの選択肢が考えられます。

●**サプライヤーとの開発プロジェクト**：サプライヤーごとに、サプライヤー開発プログラムを実施するかどうかを決めることができます。サプライヤー開発プログラムには、適用する期間に応じて、特定のプロジェクトコストが発生します（システムで検出できる量に従って計上される）。このタイプのプログラムは、サプライヤーのパフォーマンスを向上させ、製造プロセスの認証を楽にします。サプライヤーによる納期の信頼性と納品される原材料の品質が向上し、サプライヤーの排出指数も下がります。

●**サプライヤーや顧客**とのVMI：VMIは、サプライヤーや顧客、それぞれに適用することができます。VMIを実行すると、関連する原材料の在庫管理はサプライヤーに移管され、サプライヤーは在庫を十分な量に保つことを保証します（TFC社の顧客とのVMIの場合は、TFC社がサプライヤーであり、サプライヤーとのVMIの場合は、TFC社が顧客であることに注意してください）。在庫水準は顧客が指定する必要があります。上限と下限は、サプライヤーがコントロールできる在庫水準の範囲を示します。上限と下限を設定すると、SCM担当役員の設定した安全在庫水準とロットサイズは無効になります。また、VMIは定期的なプロジェクトコストを伴います。ゲームプレイでは、VMIを代替サプライヤー（デュアルソース）に使用できないことに注意してください。

演習問題　9.8

VMI を分析して施策を決定しましょう

分析

　VMI について議論する場合は第4章で検討した内容に戻ります。また、サプライヤーのセグメンテーションについて議論する場合は第3章に、外部委託との協働に関しては、**演習問題3.5**（60ページ）で観察した内容に戻ります。どのサプライヤーに対して、VMI、サプライヤー開発プロジェクトまたはその両方を検討しますか？それはなぜですか？

　同じように、どの顧客に対して VMI の提案を検討しますか？それはなぜですか？皆さんは、ここからどのような結論を導き出しましたか？

決定

　上記に基づいて、開発プロジェクトの提案や VMI の実行について決定しましょう。TFC 社はリソースが限られた中規模企業であり、提案可能なプロジェクトは合計で最大3つであるとします。また、TFC 社の企業規模や対象の顧客・サプライヤーの規模が原因で、提案が拒否される場合もあります。その場合は、協働を提案した後、次のラウンド開始時に通知されます。また、その場合のプロジェクト費用は一切発生しません。

ステークホルダー管理（直接的なステークホルダー）

　現実社会には商品の流れに間接的に関与しているステークホルダーが数多く存在しますが、TFC では、商品の流れの管理に直接関与する内部ステークホルダーのほとんどが、実際にシミュレーションゲームに参加するチームの一員となります。それから、本章の冒頭からあまり注目していませんでしたが、注目すべき重要なステークホルダーが実はもう1人います。ボブ CEO です。彼が説明を求めているようです（**図9.5**）！

図9.5　ボブCEO 再び現れる

> こんにちは。
> 皆さんに期待を込めて
> 経営を託してから一定
> 期間が経過しました。
> その後の状況について
> ご説明頂けますか？

　適切な報告能力は、効果的なステークホルダー管理に関連する重要なスキルです。どのように伝えるか、何を伝えるか、どのように話すかによって、プロセスの次のステップの出だしが左右されます。他人がどのような情報に興味を持っているかを理解するためには、目いっぱいの共感が必要です。また、見た目にも魅力的で理解しやすい報告書の作成には、多少の創造性も必要です。報告書を見る人は大抵の場合あまり時間がありませんので、伝えたいメッセージを素早く理解できるように工夫する必要があることに注意してください。また、ステークホルダーが報告書を見るときに皆さんは同席してはいないかもしれませんので、説明するようにはっきりと求められるまで、説明の機会を与えられない場合があることに注意してください。

演習問題　9.9

これまでに何が起こったかを分析し、経営者への報告書を作成しましょう

分析

　チーム・スーパージュースが開発した**図9.6**のテンプレートを使用して、これまでのラウンドの経験を踏まえ、ボブCEOへの管理報告書を作成してください。

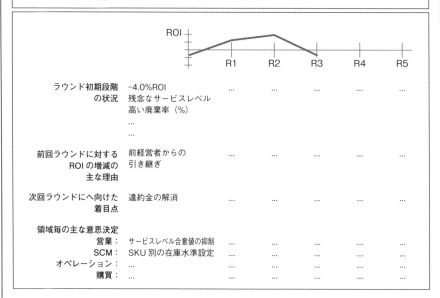

図9.6　テンプレート：ボブCEOへのレポート

チーム：<u>スーパージュース</u>　　　　　　　戦略：<u>低コスト</u>

決定

　注目する要因を決定し、報告書を作成してください。報告書は正確で、要点が分かりやすくまとめられているかを確認してください。

まとめ

　この章では、TFCに適用されるサプライチェーンマネジメントのリーダーシップ面について議論しました。部門の縦割りに陥っている内部のステークホルダーとの活動、内部の協働とチームのパフォーマンス、および外部との協働と透明性に影響を与えるリーダーシップを発揮する手段として、パフォーマンスを測定することについて述べました。そして経営者向けの報告書を確認して、この章を終えます。

　本章では、**図9.7**に灰色で示したトピックについて詳細に説明しました。

図9.7　この章でTFCに当てはめて検討を加えたサプライチェーンのリーダーシップ面に
　　　　関するトピック

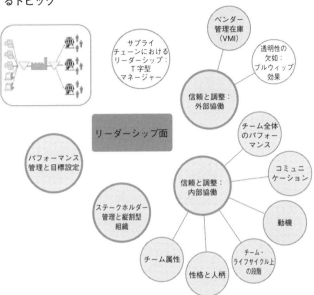

演習問題　9.10

第9章のトピックについてふり返りましょう

ふり返り

　本章を適切に読み終え経験学習の学習サイクルの原則に従うため、**図9.7**
に示されている各項目に戻り、それらから自身が学んだことをふり返りましょ
う。特に以下に関連する事柄について考えてみましょう。

●**様々な原理原則と、それらが顕在化する現実の状況**：原理原則はどの程度き
　ちんと理解できていますか、そしてそこに含まれるトレードオフを体感しま
　したか？次回同じことが起こったときにはどのような行動を取るでしょ
　うか？

●**分析と意思決定の過程**：ここまでどのように分析を行いましたか？チームの
　中でどのように意思決定が行われましたか？また、合意形成にはどれくらい

苦労しましたか？厳密には本来必要ない議論で時間を無駄にしたりしません
でしたか？
- **チームの行動**：チームの行動を分析するときに、チーム内で同じ見解をどの
程度共有しましたか？その理由は何だと思いますか？これに気づいた今、皆
さんは何を変えますか？

次の章では、少しの間、ビジネス、テクニカル、リーダーシップの側面すべての
要素が組み合わさることで生じる全体的な複雑性と、それらを調整する必要性につ
いての話題に戻り、サプライチェーンの原理原則を習得する旅を終了します。

第10章	# シンプルだけど簡単じゃない（3）

複雑性と整合性の確保

　これまでの章で、サプライチェーンのビジネス、テクニカル、リーダーシップといった各側面に関する主要概念をフレッシュコネクションのゲームに適用していきました。それではゲームを進めながら原理原則を習得する旅の全体像をふり返っていきましょう。

サプライチェーン戦略に立ち戻る

　演習問題3.1（54ページ）と図8.2で紹介した企業戦略をサプライチェーンの活動に落とし込むためのテンプレートを少しふり返ってみましょう。読者の皆さんの選択がどのような結果を導いたのかをふり返りたいと思います。効率重視型または即応型のサプライチェーン戦略に関する選択をどの程度まで規定し、実行に落とし込むことができたでしょうか？数ラウンドに渡りゲームをプレイし、どの程度まで初めの選択に対して変更を加えていくことができたでしょうか？第8章で述べたように、戦略を継続的に適応させ微調整していくことは、サプライチェーン戦略を実行することの一部です。

　それでは図8.2と同じテンプレートを用いて、皆さんが選択しなかったサプライチェーン戦略における行動を考えていきましょう。例えば、チーム・スーパージュースのように効率重視型／低コストのサプライチェーン戦略を選択していた場合、それと相反する即応型サプライチェーン戦略をとった場合の行動について思考を巡らせてみましょう。逆の場合にもまた同様です。おそらく、同じ講義内で取り組んだ別のチームの中で、皆さんとは違う戦略を採用したチームもあると思いますので、表を埋めた後に、そのような別戦略を採ったチームと議論をしてみてください。そうすることにより、両方の戦略の考え方や経験を併せて学習することができます。

複雑！

第2部全体を通じて、多くの異なる原理原則を取り上げてきました。他と比べ理解するのに時間を要する概念や、腑に落ちるまで少し手を動かす必要がある概念もいくつかあったと思いますが、その多くが比較的単純明快であることを理解していただけたと思っています。これは第1部の終わりで述べましたが、フレッシュコネクションをプレイし、実際にゲーム内で原理原則を実践的に適用することにより、このメッセージの持つ意味がより明確になったのではないでしょうか。

また、概念そのものは比較的理解しやすいとはいえ、サプライチェーン全体を運営するのは簡単ではないということも経験できたと思います。原理原則が多数存在すること、それらが相互に依存し合っているということ、部門横断的な側面が多くあること、事実のみならずそれぞれの主観的な意見を取り入れる必要があること、その事実も常に変化しているということ、それらすべてが重なり合い、サプライチェーンは簡単とは言い難いものになっているのです（**図10.1**）。

図10.1　ビジネス、テクニカル、リーダーシップの各側面を組み合わせた複雑さ

　それでは役割ごとの異なる意思決定の間に存在する多くの相互依存関係を明らかにするため、詳細に分析、可視化していきましょう。

演習問題 10.1

部門（役割）ごとの相互依存関係を分析しましょう

分析

　図10.2のチーム・スーパージュースのテンプレートを使用して、各部門（役割）担当役員に、それぞれの役割の中で最も重要な5つの意思決定を挙げてもらいましょう。

　これら5つの意思決定項目それぞれについて、意思決定が他部門（役割）に与える影響とその理由を考えてみましょう。

図10.2　テンプレート：部門間の相互依存性の分析（入力）

チーム：スーパージュース　　　　　戦略：低コスト

次を変更すれば	次の部門に影響が及ぶ	理由
営業 サービスレベル	オペレーション	生産能力を変える必要があるかもしれない。 　設備能力 　シフト数 倉庫容量を調整する必要があるかもしれない。 　ロケーション数 　人員数
	SCM 購買	… …
保存期限	オペレーション SCM 購買	
	オペレーション SCM 購買	

部門間の全体的な相互依存性を分析し、相互依存関係マップを基に施策を決定しましょう

分析

　演習問題10.1が終わったら、各役割とその相互依存関係がわかるようにすべての内容を**図10.3**のチーム・スーパージュースの例のような図式の中に入れてみましょう。

決定

　上記演習問題により新しく得られた見解を基に次の施策を決定しましょう。

図10.3　テンプレート：部門間の相互依存性の分析（可視化）

チーム：<u>スーパージュース</u>　　　　　戦略：<u>低コスト</u>

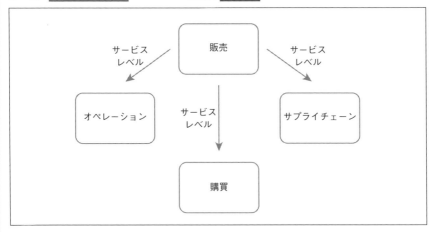

利点と欠点を明らかにする：意思決定を支援するビジネスケース

　各役割の相互依存関係について議論を進めてきましたが、ゲームをしながら経験できたほぼすべての意思決定が、これまでの章で扱ったようなトレードオフ、利点と欠点を大なり小なり伴うこととなります。何か変更を加えることを検討するにあたり、根拠もなくあれこれ思案するのは避けなければなりません。もちろん直感か

ら検討を始めることは問題ありませんが、可能であれば、意思決定の助けとなるより深く詳細な考察を行っていくべきです。フレッシュコネクションのシステム内には、意思決定を助ける多くの情報が準備されています。意思決定に伴う変化がもたらす異なる利点・欠点を可能な限り詳細に検討し、それぞれの担当役員が充分な情報に基づいた意思決定ができるようにするために、ビジネスケース分析が活用できます。

演習問題　10.3

ビジネスケースを分析し、それに基づいて施策を決定しましょう

図10.4　テンプレート：構造化されたビジネスケースを用いた意思決定の支援

チーム：スーパージュース　　　　　　戦略：低コスト

> ケース：オレンジのサプライヤーをマイアミオレンジ社（米国）からアランシアデスパーニャ社（スペイン）に変更する件

利点（定量的）：	欠点（定量的）：
リードタイムが30日から10日に： 　　橋渡し在庫140パレットを削減： 　　　　…EUR スペースの節減 　　　　…EUR 支払利息の節減 … …	標準契約指数が1,004から1,070に： 現在409k の支出が6.6%増加： 　　…EUR 追加購買コスト … …
利点（定性的）：	欠点（定性的）：
リードタイム短縮によって配送可能時間枠が短縮： 　　配送の不確実性の削減→安全在庫の削減 … …	… … …

決定事項の提案：…

分析

　チーム・スーパージュースのテンプレート（**図10.4**）を用いて、また多くの重要な意思決定を例として活用しながら、これらの意思決定のビジネスケースを作り上げていきましょう。おそらくすべてを定量化することはできませんが、できる限り全体を埋められるように詳しく記述してください。ここで考慮

すべき意思決定とは、例えばサプライヤーの変更、改善プロジェクトの実施、顧客またはサプライヤーとの契約条件の変更、製造または調達ロットサイズの変更などです。現実と同様に、意思決定を担当する担当役員がその役割領域でのビジネスケースの作成を牽引する、または担当役員一人で作成するのが一般的です。この演習問題の結果こそが、充分に検討された意思決定案となります。

決定

　こうして検討された意思決定案を基にチーム全体で議論し、最終的な意思決定を行いましょう。

部門間の整合性の確保：S&OP

　サプライチェーンを良好なパフォーマンスで運営するという目的を達成するには、一体どのようにすれば上手くいくのでしょうか？目的を達成するにあたり、ビジネス、テクニカルおよびリーダーシップというそれぞれの側面の全く異なる観点や、各役割の意思決定の相互依存性も考慮に入れる必要があります。

　少し前にも述べましたが、S&OP を通じて部門間で整合性を確立することがサプライチェーンを成功に導く重要なポイントとなります。それでは下記のステップに従いながら S&OP プロセスを作り上げてみましょう。

演習問題 10.4

意思決定プロセスの流れを分析し、施策を決定しましょう

分析

　チーム・スーパージュースのように、**図10.5** にあるような役割毎にレーンが用意されたテンプレートを使用しましょう。**図10.5** の例では、各チームメンバーは付箋紙を活用して、図式を作成し始めたところが示されています。

　まず、ゲームの中で経験した各部門（役割）のすべての意思決定をリスト化しましょう。1つの意思決定につき1枚の付箋紙に記入していきましょう。すべての意思決定が出そろったら、全体のフローチャートを作成してみましょう。

つまり、各意思決定について、どの意思決定がどの意思決定の入力となるか、前後関係を明らかにしていきましょう。意思決定にはフィードバックを受けて見直すものなど、ループするものも存在するため、すべての意思決定が一方向への矢印でつながる必要はありません。また、他の意思決定に影響を与えない、または他の意思決定から影響を受けない意思決定も存在するため、すべての意思決定が矢印でつながる必要もありません。

図10.5　テンプレート：意思決定プロセスの設計（S&OP ロジック）

チーム：<u>スーパージュース</u>　　　　戦略：<u>低コスト</u>

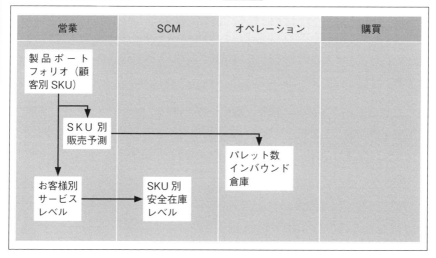

決定

　この演習問題は意思決定プロセスをより効率的に（速く）、より効果的に（成果の高い、充分な情報に基づいた）することを目的としていると考えたとき、S&OP フローチャートから得られた気づきをどのように自チームの意思決定プロセスに活かすことができるか検討しましょう。

　S&OP 成功の鍵は、他の経営プロセスを成功に導く鍵と同じですが、S&OP の部門横断的な性質上、いくつかの項目ではより集中的な議論を要し、それ故、より重要になる項目もあります。

●優れたプロセス設計

●プロセスの各ステップの明確な役割と責任分担

●プロセスの各ステップ担当者の充分かつ確実な準備　これは部門間会議を行う前の非常に重要な事項です。例えば、事前課題を時間通りかつ充分な品質で終わらせ、議論を進めるために他部門が必要とするであろう情報を準備しておく、といった準備のことです。

●実行プロセスにおける規律

●意見よりも事実を重視する

●意思決定案の背景にある推測部分を明らかにすることにより、議論を価値あるものにする

●批判的であっても前向きに、建設的で、解決に向かうような議論の進め方をする

●試行錯誤もプロセスの1つであり、意思決定プロセス自体を継続的に評価し、改善する

　上に記した項目はどれも、**言うは易く、行うは難い**ものばかりです。実際に行い、効果をあげることが非常に難しいことは現実が証明しています。現実社会の企業のように、皆さんと皆さんのチームもこの試練に立ち向かい、成果を上げられることを願っています。

まとめ

　これで、原理原則を習得するというテーマで取り組んできた第2部の旅を終えます。この第2部でゲームを通じて扱ったすべての側面は、良い結果（ROI）を導くために非常に関連性の高い内容となっていました。ビジネス、テクニカル、リーダーシップの各側面について、下記の内容を取り上げてきました。

●ビジネス－企業戦略、顧客、提供価値、財務的側面

●テクニカル－サプライチェーン戦略、物理的インフラ、計画と管理、情報と関連する情報システム、組織体制

●リーダーシップ－業績管理、KPI目標設定、部門の縦割り、内部協働とチーム業

続、外部協働と経営幹部層への報告（レポーティング）

実際の企業でもそうであるように、皆さんと皆さんのチームが、サプライチェーンの複雑性のすべてを理解し、最良の対処法を体得していくのに時間がかかるのは当然のことです。一歩一歩、準備と分析を重ね、経験したことについて頻繁かつ明確にふり返りを行い、チームメンバーとオープンにコミュニケーションを取りながら、継続的な改善を重ねてください。これはまさに「**シンプル**だけど、**実に簡単ではない！**」ことなのです。

第11章　締めくくり シンプルだけど簡単じゃない（4）

複雑性と整合性の確保

　この最後の章では、この本を通じて見てきた様々な話題に立ち戻って、皆さんの今後の継続的なスキル開発と成長のために、いくつかの最終的なふり返りと展望を述べて、それぞれのテーマを締めくくります。

今一度サプライチェーン戦略に立ち戻る

　最初にふり返る話題はサプライチェーン戦略です。需給特性だけでなく全社的な企業戦略として効果的に機能させるため、サプライチェーン戦略を様々なアプローチから説明した第3章を思い出してください。このような分類のための様々なフレームワークが提示されている多くの文献や著者を紹介しました。第3章で述べたように、**効率重視型**サプライチェーンと**即応型**サプライチェーンという2つの考え方は、あらゆる分類のフレームワークにおける基礎であり、サプライチェーンを学ぶすべての学生、実務家が知るべきものです。ですから本書では議論を分かりやすくするため、また管理を容易にするため、取り上げたすべてのアプローチに共通する考え方としてこの2つの両極端な考え方を基本として述べてきました。

　TFCのゲームと、この本の演習問題やふり返りを通して、サプライチェーンの範疇で調整可能なレバーについての理解、そして前述のサプライチェーン戦略のいずれかのケースにおいて、どのようにそのレバーを調整するかという理解が深まっていることを望みます。もし理解が深まっていれば、自分自身の経験と洞察に基づいて、その他の分類（多くの場合、効率型と即応型の「ハイブリッド」から成る）がどういうものかという独自の考えを持つことができます。最善の策がとられているかどうかにかかわらず、比較的安価で、かつ、そこそこ速いサプライチェーンがどういうものか、あるいは、最速でありながら、それなりの安さも実現できているサプライチェーンの戦略はどうか、といったことについての意見を持つでしょう。

こうしたハイブリッドは倉庫、製造、輸配送といった物理的インフラ、計画と管理、情報および関連する情報システム、組織体制といった面でどのような意味を持つのでしょうか？ここまでに得た情報と経験を基に考えると、真のハイブリッド戦略を導入することの複雑さはどの程度でしょうか？費用はどれくらいかかるでしょうか？時間はどれくらいかかりますか？どのような意味があり、どのような状況下でハイブリッド戦略の導入が意味を成すのでしょうか？

　同時に、このようなハイブリッド戦略とは別に、企業が一度にとる戦略は極端なものかハイブリッドかという一択なのか、あるいは同時に複数の戦略をとることができるのか、という疑問が湧いてきます。**図3.3**の戦略コンパスに戻ってみると、複数のサプライチェーン戦略をとることは時に意味があるかもしれません。つまるところ、異なる顧客セグメントと異なる製品は全く異なる特徴を持つことがあります。動的な市場と業界という文脈においては、意味ある限り戦略を分け、そして可能な限り組み合わせましょう。

　戦略のハイブリッドと使い分けについては、本書の範囲と目的を越えるため、ここで説明し切れるものではありませんが、読者の皆さんにとっては非常に興味深い内容だと思いますので、さらに探求してほしいと思います。

フレッシュコネクション：今度は何？

　話を締めくくる必要のある2つ目の話題はなんといってもTFCです。第2部では経営に行き詰まった企業が登場し、読者の皆さんがチームで状況を好転させ、その企業を再び高収益企業にするという機会を得ました。そして第2部では、多くの演習問題を取り上げ、皆さんはそれぞれの演習問題に対して、潜在的な施策、提案、取り組みリストを作成するよう求められました。企業経営の現場で上司に提示できるのはただ1つの最終的な解のみです。その解は長い提案リストと整合性があり、この先2〜3年間の実行可能な行動を規定するものでなければなりません。思い出してください。TFC社は時間も金も資源も無限とは程遠い中規模の企業です。言い換えると、選択が必要ということです。

本書では以下のようなトピックを扱って来ました。

●ビジネス面
・新市場への参入と厳しい競争
・新たなビジネスモデルの必要性
・即応性と環境対応への変革
・外部環境の課題：PESTEL 分析
・リスク管理

●テクニカル面
・プッシュ方式とプル方式
・保管と製造の能力
・ネットワーク設計
・セグメントとチャネル
・顧客の現状
・提供価値

●リーダーシップ面
・ステークホルダー管理
・内部協働
・外部協働

図11.1 に示すチーム・スーパージュースのテンプレートを用いて、優先順位を決めましょう。時間をかけて、しっかりやりましょう。自身の選択を守れるかどうかを確認してください。

次に、どこに優先度が置かれているか明確にしましょう。この先２～３年間の優先事項リストに対して、どれだけの行動を起こすことができるでしょうか？実際の資源はどれ位必要でしょうか？中規模企業である TFC 社には恐らくプロジェクトを推進するための専用部署はありませんので、プロジェクトのために、別の仕事を持つ従業員にこのプロジェクトを掛け持ちさせるか、コンサルタントなど外部の（高価な）資源を雇って契約しなければならないでしょう。

これでこの先２～３年の間できそうなことについて明確な見通しが立ちましたの

で、最後に今一度、上司に会いにいきましょう。

図11.1　テンプレート：プロジェクト・ヒートマップ

チーム：：スーパージュース　　戦略：低コスト

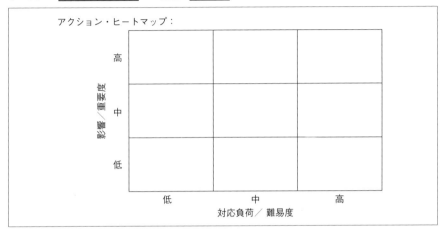

図11.2　プロジェクト・スケジュール

チーム：：スーパージュース　　戦略：低コスト

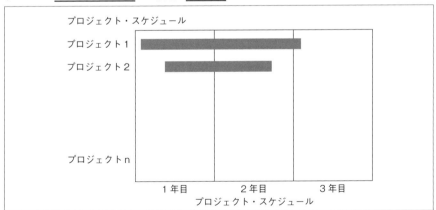

ボブ CEO 再び現る

読者の皆さんが期待したとおり、本書が終わる前にボブ CEO が再び現れました。

　学習したポイントと更なる学習のための行動をリストアップすることによって、経験学習の学習サイクルを呼び起こします。

演習問題 **11.1**

旅をふり返り、企業のオーナーに報告しましょう

ふり返り

　ボブCEOはいくらか穏やかで前向きな様子に見えます。今回はROI、緊急事態に陥っているプロジェクトと対応については尋ねてきません。代わりに、反省点と皆さんがこの経験から学んだこと、そしてこれから継続して学びたいことは何か、ということに関心を持っているようです。**図11.3**のテンプレートを使って、分かったことをリストアップしましょう。まずは個人でやってみると思考を深め、充実した時間を過ごせるかもしれません。それが終わったら、チームのメンバーと情報を共有して、議論しましょう。

図11.3　気づきと学びのテンプレート

チーム：**スーパージュース**　　　　　　戦略：**低コスト**

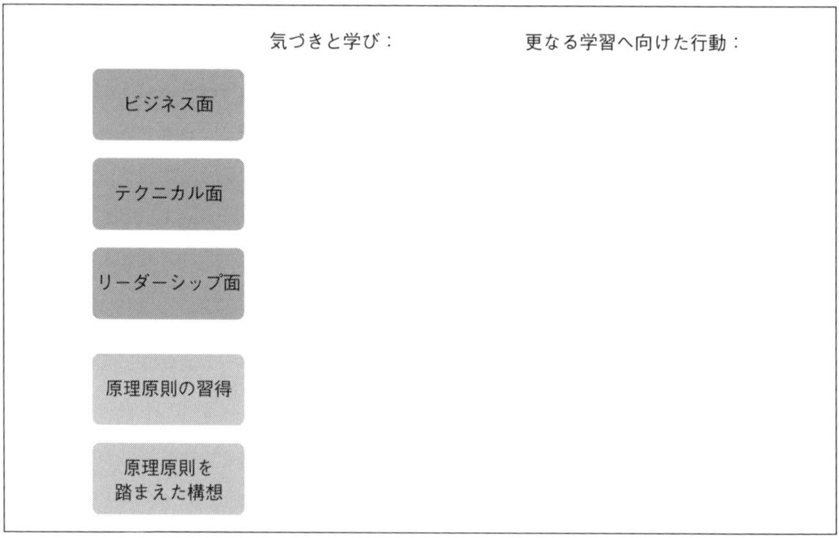

気づきと学び：　　　　　　更なる学習へ向けた行動：

ビジネス面

テクニカル面

リーダーシップ面

原理原則の習得

原理原則を
踏まえた構想

ループを締めくくる：経験学習における学習サイクル

　この章を締めくくる最後の話題は経験学習と学習サイクルです。本書の読者には経験と、起こったことのふり返り、出来事の概念化、そして、そこで発見したことを次の経験サイクルへと取り込むによって経験学習の全ての基礎に触れてほしいという願いを込めて本書を執筆しました。この本の副題が示すとおり、本書は戦略とサプライチェーンとリーダーシップの主な**特徴**を明らかにし、ビジネスゲームと考察を通じて、これらの原理原則を現実にどう当てはめるかを**実践**し、純粋なゲームを越えた**現実への応用**を思い描くことに焦点を当てて来ました。もちろん、この本がここで終了したとしても、皆さんの学びがここで終わるわけではありません。むしろ、ここが真の学びへの入り口であると言っても過言ではないでしょう。読者の皆さんは今や、基礎的な知識を持ち、向かうべき方向性を知っています。ここからそれをどう形にするか、そして学習をどう継続するかは皆さん自身次第です。

　現時点で皆さんができる興味深い考察は**図4.3**にあるT字型マネージャーの概念に自身をあてはめ、各要素について5段階評価などで自分自身を評価してみることです。たとえ純粋に自分自身の成長のためそれをやったとしても、実際には人事評価の際の自身の立ち位置を知るのにも役立つだろうと確信しています。自己評価に基づき、その後数カ月で取り組むべき具体的な行動を決めましょう（具体的な目標だけでなく締め切りも決めます。SMARTなKPIについて思い出してください）。そしてもちろん、たまにはチャートに立ち返って、自身が本当に成長しているのかを確認し、計画を更新するのも面白いかもしれません。

　先ほど述べたように、学習はここで終わるわけではありません。むしろここが始まりです。自身のサプライチェーン学習のための道筋を決め、自分にとって最上の方法を見つけましょう。テキストを使って独学で学ぶ、組織や専門団体のサイトといったウェブ資源とつながる、雑誌や新聞を購読する、LinkedInなどのソーシャルメディアで専門家のグループをフォローする、良き相談相手を見つける、一般的なビジネスあるいは特定の業界に関する新聞を読む、インターンシップに参加するなど、様々な手段が考えられ、選択肢は非常に豊富です。

　サプライチェーンマネージャーの十種競技について述べた際に触れたとおり、「サプライチェーンマネージャーは万能で、様々な技術を持ち、ある意味カメレオ

ンのようである必要がある。十種競技の選手に少し似たところがあって、多くの異なる分野で、それぞれに関してトップである必要はないものの、最終的にトーナメントで1位になれるように優れた仕事をする必要がある。」(Weenk, 2013b) 本書の最初の方に出てきたケン・ロビンソンとルー・アロニカの精神に乗っ取り、本書によって読者の皆さんが物事に積極的に取り組む気持ちを奮起し、好奇心を呼び起こし、多くの疑問を持ち、そして新たなアイデアを発見し、サプライチェーンマネジメントの多くの刺激的な側面を経験できたであろうことを望みます。加えて、読者のサプライチェーンマネージャーとしての抱負なスキルセットを醸成し、VUCA（変化しやすく、不確実で、複雑で見通しの効かない）な世界のサプライチェーンを管理する準備を整えるための貢献ができていれば光栄です。

　いよいよ、サプライチェーンにおけるビジネス面、テクニカル面、リーダーシップ面を通した旅（**図11.4**）を終えようとしている皆さんに敬意を表します。原理原則を理解し、習得し、そしてその先を想像することさえしてきました。それが皆さんにとって価値あるものであり、ここまでの全ての事項が、皆さんをサプライチェーンマネジメントへと突き動かすきっかけとなることを望んでいます。課題は数え切れないほどあります。そして、将来的には多くの人々の力が必要とされています。こうした課題に関する多くの例を本書でも取り上げて来ました。どちらの方向性に進もうと、より多くの課題が噴出するのは間違いありません。しかし、次に何が起ころうとも如何に働くか、誠意ある対応とはどういうものかという基本的な姿勢をもって、しっかり準備して欲しいと思います。全知全能たれ、という話ではありません。正しい疑問を投げかけることを知っていれば良いのだ、ということを覚えておいてください。

　本書で学んだように、サプライチェーンには多くの異なる角度からの様相があります。その殆どが、シンプルですが簡単ではありません。幅広く、多様性に富み、複雑な領域です。そしてそこがまた、とても楽しいところでもあるのです。

図11.4　サプライチェーンマネジメントの３つの側面から取り上げたトピック

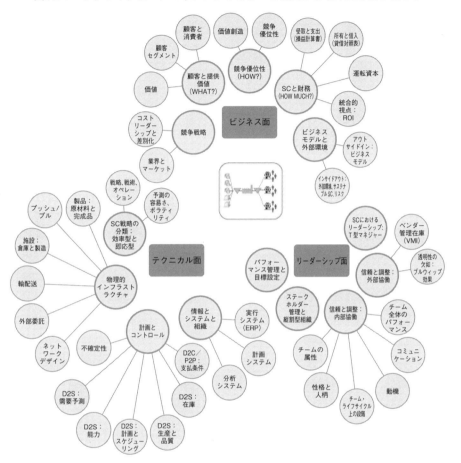

訳者あとがき

　本書は、学習定着率と人材スキルで著名なモデルに照らし合わせることで、その特徴が際立ちます。

　先ず、学習定着率には「学習ピラミッド」と呼ばれるモデルが存在します。同モデルによると、書物の読み込みや聴講による学習の定着率は20％に留まるものの、他の学習者に説明したり、他の学習者と教え合ったりすることによる学習の定着率は90％にまで高まるとされています。本書は、第１部でサプライチェーンマネジメント（SCM）の原理原則を学び、第２部で、第１部で学んだ原理原則をグループワーク形式のビジネスシミュレーション・ケースに適用し、学んだ原理原則の定着率を高めるアプローチを採用しています。理論や事例の解説が中心となる従来のSCM関連書籍と比べ、学習定着率を高めるアプローチを採用している点が特徴的です。

　次に、人材スキルには「カッツモデル」と呼ばれるモデルが存在します。同モデルによると、人材スキルには、コンセプチャルスキル（俯瞰力、洞察力など）、テクニカルスキル（専門知識、分析力など）、ヒューマンスキル（リーダーシップ、説得力など）が存在し、職位に応じて比率は異なるものの、全ての人材に全てのスキルが求められるとされています。本書は、ビジネス面、テクニカル面、リーダーシップ面の３つの側面から、SCMで求められる知見の習得に取り組むアプローチを採用しています。テクニカル面の解説中心の従来のSCM関連書籍と比べると、総合的なSCM人材開発を指向している点が特徴的です。

　他方、より専門的で詳細なテクニカルスキルの習得を目指したい、という読者の皆さんにも、邦訳書も含めたSCMにかかわる代表的な著書・論文が網羅された本書の参考文献の一覧が役立ちます。

　本書が出版される2022年春、サプライチェーンとそのマネジメントの重要性は、これまでになく高まっています。コロナ禍を受けた半導体需要の上昇と供給の遅延、港湾施設などの人員不足による物流の滞留やコンテナ価格の急騰、そしてウクライナ侵攻と原油価格の高騰など、不確実性に富んだ社会情勢は、企業の事業方針だけでなく、国策にも影響を及ぼし始めています。私たちは、実際に経験し、対処

したことのない事象に取り組んでいく必要性に迫られています。

　経験に裏打ちされた知見には説得力が伴います。そして本書で原理原則を学び、ケースに当てはめ経験し、内省・ふり返りを行い、概念化し、その知見を能動的に試行する学習サイクルに取り組むことで培った総合的な SCM の知見には、大きな説得力が伴うことになるでしょう。

　読者の皆さんが SCM の原理原則を多面的に俯瞰し知見を高め、所属組織、そして社会が、不確実性に満ちたサプライチェーンの事象に効果的に対処し、従来以上に競争力を高めていけるようになる、本書がそんな未来の一助となることを切に願い、巻末の挨拶といたします。

訳者一同

参考文献

Ashkenas, R (2015) [accessed 31 March 2018] Jack Welch's Approach to Breaking Down Silos Still Works, *Harvard Business Review*, 9 September [Online] https://hbr.org/2015/09/jack-welchs-approach-to-breaking-down-silos-still-works.

Baker, P (2018) [accessed 29 April 2018] The Best Data Visualization Tools of 2018, *PCMag*.com, 3 April [Online] https://www.pcmag.com/roundup/346417/the-best-datavisualization-tools.

Bariso, J (2017) [accessed 31 March 2018] Microsoft's CEO Just Gave Some Brilliant Career Advice. Here It Is In 1 Sentence, *Inc.com*, 27 April [Online] https://www.inc.com/justin-bariso/microsofts-ceo-just-gave-some-brilliant-career-advice-here-it-is-in-onesentence.html.

Bariso, J (2018) [accessed 31 March 2018] Jeff Bezos Just Shared His 3-Step Formula for Success? and It's Absolutely Brilliant, *Inc.com*, 31 January 2018 [Online] https://www.inc.com/justin-bariso/amazon-jeff-bezos-healthcare-formula-success-1-sentence.html.

BBC (2018) [accessed 31 March 2018] Chicken Chaos as KFC Closes Outlets, *BBC News*, 19 February [Online] http://www.bbc.com/news/business-43110910.

Belbin, R M (2010) *Team Roles at Work*, 2nd edn, Routledge, New York.

Braungart, M and McDonough, W (2002) *Cradle to Cradle: Remaking the way we make things*, North Point Press, New York.

Brynjolfsson, E and McAfee, A (2014) *The Second Machine Age: Work, progress and prosperity in a time of brilliant technologies*, W.W. Norton & Company, New York（村井章子訳『ザ・セカンド・マシン・エイジ』日経 BP, 2015年）.

Campbell, D H (2011) [accessed 31 March 2018] What Great Companies Know About Culture, *Harvard Business Review*, 14 December [Online] https://hbr.org/2011/12/what-great-companies-know-abou.

Chopra, S and Meindl, P (2016) *Supply Chain Management: Strategy, planning, operation*, 6th edn, Pearson Education, Harlow.

Christopher, M (2016) *Logistics and Supply Chain Management*, 5th edn, Pearson Education, Harlow.

Crawford, F and Mathews, R (2003) *The Myth of Excellence: Why great companies never try to be the best at everything*, Random House, New York（星野佳路監修、仲

田由美子訳『競争優位を実現するファイブ・ウェイ・ポジショニング戦略』イーストプレス、2013年).

de Boer, R, van Bergen, M and Steeman, M (2015) Supply Chain Finance, *Its Practical Relevance and Strategic Value*, 2nd edn, Supply Chain Finance Community.

De Bono, E (1999) *Six Thinking Hats*, rev and updated edn, Back Bay Books, Boston, MA (川本英明訳『6つの帽子思考法―視点を変えると会議も変わる』パンローリング, 2015年).

DeSmet, B (2018) *Supply Chain Strategy and Financial Metrics: The supply chain triangle of service, cost and cash*, Kogan Page, London.

Dougherty, J and Gray, C (2006) *Sales & Operations Planning: Best practices, lessons learned from worldwide companies*, Partners for Excellence, Belmont, NH.

Elkington, J (1997) *Cannibals with Forks: The triple bottom line of 21st century business*, Capstone, Chichester.

Ellen Macarthur Foundation [accessed 09 May 2018] Butterfly diagram [Online] https://kumu.io/ellenmacarthurfoundation/educational-resources#circular-economygeneral-resources-map/key-for-general-resources-map/butterfly-diagram.

Financial Times (2017) Tesla hits bottleneck in drive to mass market, *Financial Times Weekend Edition*, 4-5 November.

Fine, C (1998) *Clockspeed: Winning industry control in the age of temporary advantage*, Perseus Books, Reading, MA.

Fisher, M (1997) What is the right supply chain for your product?, *Harvard Business Review*, March–April.

Fransoo, J C, Blanco, E E and Mejia-Argueta, C (eds)(2018) *Reaching 50 Million Nanostores: Retail distribution in emerging megacities*, CreateSpace Inc and Kindle Direct Publishing.

Friedman, T L (2016) *Thank You For Being Late: An optimist's guide to thriving in the age of accelerations*, Farrar, Strauss and Giroux, New York (伏見威蕃訳『遅刻してくれて、ありがとう―常識が通じない時代の生き方　上・下』日本経済新聞出版, 2018年).

Gattorna, J (2015) *Dynamic Supply Chains: How to design, build and manage peoplecentric value networks*, 3rd edn, Pearson Education, Harlow.

Guardian (2016)[accessed 31 March 2018] Hanjin Shipping Bankruptcy Causes Turmoil in Global Sea Freight, *The Guardian*, 2 September [Online] https://www.theguardian.com/business/2016/sep/02/hanjin-shipping-bankruptcy-causes-turmoil-

220

in-global-sea-freight

Guest, D. (1991) The hunt is on for the Renaissance Man of computing, *The Independent*, 17 September

Hammer, M (2001) The superefficient company, *Harvard Business Review*, September

Hansen, M T and von Oetinger, B (2001) Introducing T-shaped managers: Knowledge management's next generation, *Harvard Business Review*, March

Heizer, J and Render, B (2013) *Operations Management, Global edition*, 11th edn, Pearson, Harlow

Hoekstra, S J and Romme, J (1993) *Op weg naar integrale logistieke structuren* [*Towards integral logistics structures*], Kluwer, Deventer

Horton, C (2018) [accessed 31 March 2018] Toilet Paper Shortage Strikes Taiwan Amid Pricing Panic, *New York Times*, 27 February [Online] https://www.nytimes.com/2018/02/27/world/asia/taiwan-toilet-paper-shortage.html

Isidore, C (2018) [accessed 31 March 2018] Tesla Has a Problem. Maybe a Big Problem, *CNN Money*, 28 March [Online] http://money.cnn.com/2018/03/28/news/companies/tesla-model-3-cash-crunch/index.html

JWMI (Jack Welch Management Institute) (2015) [accessed 27 July 2018] What Is the Role of a Leader? *Published on YouTube* [Online] https://www.youtube.com/watch?v=ojkOs8Gatsg

Kaplan, R S and Norton, D P (1992) The balanced scorecard ? measures that drive performance, *Harvard Business Review*, Jan-Feb

Klabbers, J H G (2009) *The Magic Circle: Principles of gaming and simulation*, 3rd and rev edition, Sense Publishers, Rotterdam/Taipei

Kolb, D (2015) *Experiential Learning: Experience as the source of learning and development*, 2nd edn, Pearson, Upper Saddle River, NJ

Kotler, P and Lane, K (2015) *Marketing Management*, global edn, Pearson Education, Harlow（恩藏直人監修、月谷 真紀訳『コトラー＆ケラーのマーケティング・マネジメント』丸善出版, 2014年）

Kraljic, P (1983) Purchasing must become supply management, *Harvard Business Review*, September

Kurzweil, R (2000) *The Age of Spiritual Machines: When computers exceed human intelligence*, Penguin Books, New York

Layall, A, Mercier, P and Gstettner, S (2018) The death of supply chain management, *Harvard Business Review*, June

Lee, H (2002) Aligning supply chain strategies with product uncertainties, *California Management Review*, Spring 2002

Lee, H, Padmanabhan, V and Whang, S (1997) The bullwhip effect in supply chains, *Sloan Management Review*, Spring

McLeod, S (2017) [accessed 31 March 2017] Kolb's Learning Styles and Experiential Learning Cycle [Online] https://www.simplypsychology.org/learning-kolb.html

Osterwalder, A and Pigneur, Y (2010) *Business Model Generation: A handbook for visionaries, game changers, and challengers*, John Wiley & Sons, Hoboken, NJ（小山龍介訳『ビジネスモデル・ジェネレーション―ビジネスモデル設計書』翔泳社，2012年）

Osterwalder, A et al (2014) *Value Proposition Design: How to create products and services customers want*, John Wiley & Sons, Hoboken, NJ（関美和訳『バリュー・プロポジション・デザイン―顧客が欲しがる製品やサービスを創る』翔泳社，2015年）

Perez, H D (2013) *Supply Chain Roadmap: Aligning supply chain with business strategy*, CreateSpace Independent Publishing Platform

Phadnis, S et al (2013) Educating Supply Chain Professionals to Work in Global Virtual Teams, Working paper, MIT, first published at CSCMP Educators Conference Annual Educators Meeting, Denver, CO, 20 October

Porter, M (1980) *Competitive Strategy: Techniques for analyzing industries and competitors*, The Free Press, New York（土岐坤ほか訳『競争の戦略』ダイヤモンド社，1995年）

Porter, M (1985) *Competitive Advantage: Creating and sustaining superior performance*, The Free Press, New York（土岐坤ほか訳『競争優位の戦略―いかに好業績を持続させるか―』ダイヤモンド社，1985年）

Raworth, K (2017) *Doughnut Economics: Seven ways to think like a 21st-century economist*, Random House, London（黒輪篤嗣訳『ドーナツ経済学が世界を救う』河出書房新社，2018年）

Robinson, K and Aronica, L (2015) *Creative Schools: Revolutionizing education from the ground up*, Penguin Random House, London（岩木貴子訳『CREATIVE SCHOOLS―創造性が育つ世界最先端の教育』東洋館出版社，2019年）

Rushton, A, Croucher, P and Baker, P (2017) *Handbook of Logistics and Distribution Management: Understanding the supply chain*, 6th edn, Kogan Page, London

Schippers, M, Rook, L, and Van de Velde, S (2011) [accessed 13 June 2018] Crisis performance predictability in supply chains, Working Paper, Erasmus University/ Rotterdam School of Management [Abstract Online] https://discovery.rsm.nl/ articles/detail/47-crisis-performance-predictability-in-supply-chains/

Sharp, B (2010) *How Brands Grow: What marketers don't know*, Oxford University Press Australia, Victoria（前平謙二・加藤巧訳『ブランディングの科学―誰も知らないマーケティングの法則11』朝日新聞出版, 2018年）

Sheffi, Y (2007) *The Resilient Enterprise: Overcoming vulnerability for competitive advantage*, Massachusetts Institute of Technology Press, Boston, MA

Sheffi, Y (2015) *The Power of Resilience: How the best companies manage the unexpected*, Massachusetts Institute of Technology Press, Boston, MA

Silver, E A, Pyke, D F and Peterson, R (1998) *Inventory Management and Production Planning and Scheduling*, 3rd edn, John Wiley & Sons, Hoboken, NJ

Simchi-Levi, D (2010) *Operations Rules: Delivering customer value through flexible operations*, Massachusetts Institute of Technology Press, Boston, MA

Simchi-Levi, D, Kaminsky, P and Simchi-Levi, E (2009) *Designing and Managing the Supply Chain: Concepts, strategies and case studies*, 3rd edn, McGraw-Hill, New York（久保幹雄・伊佐田文彦訳『サプライ・チェインの設計と管理（普及版）』朝倉書店, 2017年）

Slack, N *et al* (2012) *Operations and Process Management: Principles and practice for strategic impact*, 3rd edn, Pearson, Harlow

Stahl, R (2009) [accessed 31 March 2018] Sales and Operations Planning, Simpler, Better and More Needed Than Ever, *Foresight*, Issue 14, Summer [Online] http:// rastahl.fatcow.com/-Final%20Summer%20Column%20.pdf

Stanton, D (2017) *Supply Chain Management for Dummies*, John Wiley & Sons, Hoboken, NJ

Tesla (2018) [accessed 13 April 2018] Tesla Q1 2018 Vehicle Production and Deliveries, *Tesla.com*, 3 April 3 [Online] http://ir.tesla.com/releasedetail. cfm?ReleaseID=1062670

Thalbauer, H (2016) [accessed 31 March 2018] Is Chief Supply Chain Officer Most Important Role In Executive Suite?, *Forbes.com*, March 25 [Online] https://www. forbes.com/sites/sap/2016/03/25/is-chief-supply-chain-officer-most-important-role-in-executivesuite/

Treacy, M and Wiersema, F (1995) *Discipline of Market Leaders: Choose your customers, narrow your focus, dominate your market*, Ingram Publishers, La Vergne, TN（大原進訳『ナンバーワン企業の法則―勝者が選んだポジショニング』日本経済新聞出版, 2003年）

Tuckman, B (1965) Developmental sequence in small groups, *Psychological Bulletin* 63 (6), pp 384-99

Visser, H and van Goor, A (2011) *Logistics: Principles and practice*, 2nd edn, Hessel Visser, 's Gravendeel, Netherlands

Wallace, T (2009)［accessed 31 March 2018］S&OP 101 [Online] http://www.rastahlcompany.com/10101.html

Weenk, E (2013a) *The Perfect Pass: What the manager can learn from the football trainer*, QuSL/Libros de Cabecera, Barcelona

Weenk, E (2013b)［accessed 14 June 2018］The Supply Chain Manager's Daily Decathlon, *SupplyChainMovement.com*, published between March and June 2013 as a series of six blogposts [Online] https://www.supplychainmovement.com/the-supply-chain-managersdaily-decathlon-part-1-of-6/ [Episodes 2-6 are available from there]

Weetman, C (2017) *A Circular Economy Handbook for Business and Supply Chains: Repair, remake, redesign, rethink*, Kogan Page, London

World Economic Forum (2016)［accessed 31 March 2017］What Are the 21st-Century Skills Every Student Needs?, World Economic Forum, 10 March [Online] https://www.weforum.org/agenda/2016/03/21st-century-skills-future-jobs-students/

索　引

原著者紹介

エド・ウィーンク（ED Weenk）

トレーナー・コンサルタント・起業家。PDEng（工学博士号相当学位）。

EADA バルセロナ（スペイン）、マーストリヒトスクールオブマネジメント（オランダ）、アントワープマネジメントスクール（ベルギー）、セントラム経営大学院（ペルー）上級准教授。

著書に"The Perfect Pass：What the manager can learn from the football trainer,"Libros de Cabecera.（2014年刊）、"Mastering the Circular Economy. A practical approach to the circular business model transformation,"Kogan Page.（2021年刊）など。

【訳者紹介】

細田 高道（HOSODA, Takamichi）……第1・6章、コラム監修
青山学院大学国際マネジメント研究科・教授

河合 亜矢子（KAWAI, Ayako）…………第2・7・11章、コラム
学習院大学経済学部・教授

中塚 昭宏（NAKATSUKA, Akihiro）……第3章、コラム
青山学院大学国際マネジメント研究科・助教

小林 知行（KOBAYASHI, Tomoyuki）…第8章、コラム
株式会社NX総合研究所・ゼネラルマネージャー

山本 圭一（YAMAMOTO, Keiichi）……第4・9章、コラム
ビジネスエンジニアリング株式会社・副部長

隈田 樹一郎（KUMADA, Kiichiro）……はじめに、第5・10章、コラム
株式会社日立コンサルティング・シニアマネージャー

丹治 秀明（TANJI, Hideaki）…………翻訳プロジェクト管理、推薦、はじめに〜第5章・11章図表、コラム
株式会社日立ソリューションズ東日本・エキスパート（SCMプロフェッショナル）

尹 蘭（YUN, Ran）………………………第6〜10章図表、アクセスガイド
株式会社日立ソリューションズ東日本

2022年3月30日　第1刷発行

ビジネスゲームで学ぶサプライチェーンマネジメント
—原理原則と演習、そして実業務への応用—

原著者　ED WEENK
訳　者　細田　高道
　　　　河合亜矢子
　　　　中塚　昭宏
　　　　小林　知行
　　　　山本　圭一
　　　　隈田樹一郎
　　　　丹治　秀明
　　　　尹　　　蘭
発行者　脇坂　康弘

発行所　株式会社 同友館

〒113-0033 東京都文京区本郷3-38-1
TEL. 03(3813)3966
FAX. 03(3818)2774
URL　https://www.doyukan.co.jp/

三美印刷／松村製本所
Printed in Japan

C